Klaus Heinrich · Versuch über die Schwierigkeit nein zu sagen

D1668931

Klaus Heinrich

Versuch über die Schwierigkeit nein zu sagen

Stroemfeld/Roter Stern

1. Auflage, 1964 (Suhrkamp Verlag)
2. verb. Auflage, 1982 (Stroemfeld/Roter Stern)
3. Auflage, 1985
4. Auflage, Sonderausgabe zum 75. Geburtstag
   von Klaus Heinrich, 2002

Die Deutsche Bibliothek – CIP-Einheitsaufnahme
Ein Titeldatensatz für diese Publikation ist bei
Der Deutschen Bibliothek erhältlich

ISBN   3-87877-169-X

Gedruckt auf säurefreiem, alterungsbeständigem Papier
entsprechend ISO 9706.
Printed in Germany.

Bitte fordern Sie unsere kostenlose Programminformation und
das Verzeichnis der Werke von Klaus Heinrich an:
Stroemfeld Verlag
D-60322 Frankfurt am Main, Holzhausenstraße 4
CH-4027 Basel, Altkircherstrasse 17
info@stroemfeld.de / www. stroemfeld.com

Für Renate

Inhalt

Neinsagen ist die Formel des Protests. In einer Welt, die zu Protesten Anlaß bietet, scheint es nicht überflüssig zu sein, diese Formel zu untersuchen. Aber die Untersuchung stößt auf Schwierigkeiten. Nichts ist inhaltsleerer, allgemeiner als das Nein. Es kann sich gegen alles richten und sich mit allem verbünden. Nichts ist unselbständiger als das Nein. Es setzt eine Frage voraus, ist selbst nur die abschlägige Antwort (»nein«) auf eine Frage. Nichts ist überflüssiger als das Nein. Wem es um Erkenntnis zu tun ist, sollte das Nein unterdrücken und, sofern er etwas zu sagen hat, positive Vorschläge liefern. Nichts ist gefährlicher als das Nein. Nein ist nicht nur die Formel des Protests, sondern auch die Formel des Defaitismus. Wer auf dieser Formel beharrt, lehnt alles ab. Er lehnt nicht nur einzelne Ordnungen, sondern die Ordnung ab. Nein ist die Formel der Anarchie. – Nichts ist einfacher, als immerfort »nein« zu sagen. Es sei denn, daß eine Ordnung besteht, die das Neinsagen unter Strafe stellt. Aber das ist eine soziologische, eine juristische, eine politische Frage. Sie drückt nur eine äußere Schwierigkeit des Neinsagens aus. Äußere Schwierigkeiten können durchaus bestehen. Wir haben sie selbst erlebt. Aber soll der Philosoph, zumal der Ontologe, von äußeren Schwierigkeiten reden? Er hat es mit der Erkenntnis des Wesens zu tun, und bis in diese Sphäre trägt unsere Formel nicht. Sie geht den eigentlichen Schwierigkeiten aus dem Wege. Sie ist die bequemste Formel, die allenfalls ihren allzu leichtfertigen Benutzer äußeren Unbequemlichkeiten aussetzt. Der Titel des Versuchs scheint entweder irreführend oder oberflächlich zu sein. Er hat die ontologische Dimension verfehlt. – Aber was ist die ontologische Dimension? Ist sie eine in sich begrenzte Sphäre des Wesens? Ist sie die Tiefe des Seins, vor der die Oberfläche oberflächlich wird? Ist sie das hintergründig Eigentliche, an das wir uns halten müssen, um das Vordergründige seiner Uneigentlichkeit zu überführen? Oder ist schon der Ausdruck ontologische Dimension eine Irreführung? Darf der Ontologe, der per definitionem vom Sein redet, das Sein beschränken? – Aber was beschränkt, wer so redet? Wir lassen uns belehren: Sein ist das Unbeschränkte. Nur wer das Unbeschränkte zum Gegenstand hat, kann die Beschränkungen durchschauen. Wir lassen uns weiter belehren: schon die Redeweise vom Sein als Gegenstand ist verdächtig. Sein ist nicht Gegenstand, sondern das ganz Andere jeder gegenständlichen Verfestigung. Schon wer »vom« Sein redet oder »über« das Sein, macht es zum Gegenstand. Seine »vorstellende« Rede »verstellt« das Sein. Aber ein Trost winkt dem Neinsagenden. Wenn schon das Nein die ontologische Dimension verfehlt, so kann es doch, im Munde des Wissenden, zum Wächter werden, der jedem vorschnellen Ja im Felde des Vorläufigen, Vordergründigen, Uneigentlichen den Weg zum Heiligtum des Seins vertritt. In seiner dienenden Rolle schützt es das Götterbild des Seins vor der Profanierung. Aber indem es jede Fixierung als vorläufig, vordergründig, uneigentlich negiert, negiert es das fixierende Wort der Sprache. Das Nein zur Sprache, die gesprochen schon das Sein verzerrt, führt zur stummen Anbetung des unverzerrten Wortes, dessen Kraft in den Wurzeln steckt, aus denen das Sein selbst zu uns spricht. Aber das müssen nicht Worte sein. Das kann auch das Wehen des Windes sein oder der Zuspruch des Feldwegs oder ein Geläut der Stille.

Vor ihnen verliert der Neinsager sein Wächteramt. Der sein Selbst vor dem Verfallen retten wollte, verfällt in »Hörigkeit«.[1] – Aber die ontologische Dimension, die hier im Dämmerlicht eines andenkenden Denkens verschwimmt, hat unser Leben, in seiner Macht und Ohnmacht, seinen bedeutenden und unbedeutenden Aktionen, ausgesperrt. Das Sein des Seienden, das wir selber sind, dem wir widerstehen und mit dem wir uns vereinigen, dem wir in Liebe und Haß begegnen und in einer ebenso hilflosen wie zerstörerischen Indifferenz, es hat in dieser Sphäre keinen Platz. Sie fordert auf zu einem gelassenen Danebenstehen. Aber ist das ein Stehen? – Unter dem Anspruch, die Gnade des Seins gewähren zu lassen, wird die Frage nach dem Stehen selbst gnadenlos. Doch wir kommen um diese Frage nicht herum. Wenn der so viel beschworene Ernst des Fragens nicht in jeder Frage steckt (auch wenn wir ihn vielleicht erbittert suchen müssen, weil er sich verbittert versteckt), dann steckt er nirgendwo. Wie können wir protestieren gegen ein Stehen, das kein Stehen ist? Wie können wir protestieren, ohne daß unser Nein sich in den Beschränkungen verstrickt und ohne daß es von der ontologischen Dimension verschluckt wird? Wie können wir, protestierend, den zerstörerischen Konsequenzen des Protestierens entgehen? – Neinsagen ist die Formel des Protests. In einer Welt, die zu Protesten Anlaß bietet, scheint es nicht überflüssig zu sein, diese Formel zu untersuchen. Aber die Untersuchung stößt auf Schwierigkeiten. Wir vermuten, daß es die Schwierigkeiten des Neinsagens selber sind.

I

Das Problem des Versuchs als Einführung
in die Schwierigkeit nein zu sagen

I

1. – Die schöne Forderung, daß Denken Schritt für Schritt methodisch seinen Weg zu gehen habe, stößt auf Widerstand, sobald wir denkend fragen, was wir denkend tun. Experimentierend, hierhin und dorthin blickend, Wege einschlagend und eingeschlagene wieder verwerfend, sind wir dem Pathos einer Methode fremd, das nur die beiden Wege des Parmenides[1] kennt: den einzig gangbaren der Wahrheit, der zum Sein, und den der Unwahrheit, der zum Nichtsein führt. Aber dieses ist Schein, und der Weg, der zu ihm führt, ebenso Schein wie die Mischung von beiden. Angemessen ist nur der eine Weg. An seinem Ende steht das unveränderliche Sein: kugelförmig, in festen Grenzen. Der Eingeweihte kennt den Weg. Er hat das wahre und geheime Wort, den »mythos des Weges«. Die »doppelköpfige« »blöde« Menge schwankt ziellos zwischen den Wegen. Sie hat das »Wort« nicht und ist zur Unwissenheit verdammt. – Aber wie nähere ich mich einem Sein, das nicht tote Identität ist, sondern lebendiges Sein, in dem jede Grenze zugleich die Wahrheit und die Unwahrheit ist? Das ich denkend erst zum Gegenstand mache: das mich Begrenzende begrenzend und, im gleichen Atemzug, in dem ich hier beleuchte, es dort verdunkelnd? Zwar »mache« ich es nicht willkürlich zum Gegenstand. Widerstände zwingen mir Grenzen auf. Aber ich kann nur mit Mühe und oft gar nicht unterscheiden, woher sie rühren: von mir oder vom Gegenstand. Ich bemerke, daß ich denkend beides tue: Subjekt und Objekt aneinander stoßen lasse und zugleich in einer Sphäre mich bewege, in der es mir unmöglich ist zu trennen. Zwar muß ich trennen: ich habe sonst keinen Gegenstand. Aber um des Gegenstandes willen widerrufe ich die Trennung in dem Urteil, das ihn

zugleich fixiert und ihn mit mir, dem Urteilenden, vereinigt. Aber woher nehme ich den Mut zu dieser Vereinigung? Mein Gegenüber steht mit mir in einem Zusammenhang, den ich mit jedem Wort, jeder Geste, jeder noch so unbedeutenden Aktion durchbreche und von neuem schließe. Niemals verschwindet das »Gegenüber« und niemals das »In«[2]. Ich kann das Gegenüber nicht realisieren ohne dieses letztlich universale In und das In nicht ohne jenes, ein konkretes Gegenüber. Wo finde ich hier den »einen« Weg? – Ich schlage Wege ein, denn ich verwandle Raum in Zeit und Zeit in Raum durch Wege. Jeder Satz der Sprache ist ein solcher Weg. Aber Sein und Nichtsein, Wahrheit und Unwahrheit sind bis zur Unauseinanderkennbarkeit gemischt. Die Schwierigkeit, nein zu sagen zum falschen Weg, kann nicht den Weg des Parmenides empfehlen, der zu emphatischem Ja-Sagen führt. Indem er das Nein verwirft, muß er das Ja verwerfen, das auch in diesem steckt. Der Versuch, das me on in ein ouk on zu verwandeln, gelingt nicht[3]. – Er verwirft das Nein, indem er ihm seinen Partner nimmt. Der Neinsagende sagt nein zum Nichtsein. Parmenides braucht, einmal erleuchtet, nicht mehr nein zu sagen, denn Nichtsein ist nicht. Aber er muß dennoch nein sagen: zur doppelköpfigen Menge, die sich ans Nichtsein hängt. Sie hat nicht den thymos des wissenden Mannes, Sonnentöchter lenken sie nicht empor[4], sie bleibt in Nacht, und ihre doxa ist Torheit. – Wer sie als Schein verwirft, verwirft die Universalität der Wahrheit, die den Schein mitumfaßt. Der Wissende ist aufgeklärt: er weilt in dem Bereich des Tages und der Helle. Aber der Tag klärt die Nacht nicht auf, und der Wissende kann die Unwissenheit nicht erklären. Warum sind die Unwissenden Unwissende? Warum besitzen sie nicht auch das Sein? Haben sie das Sein, hat das Sein sie vergessen? –

16

Indem sie sich ans Nichtsein hängen, sagen sie nein: furchtsam, begehrlich, mit allen ihren Sinnen. Der Wissende mißtraut den Sinnen mit Recht: sie mischen Innen und Außen, und wer in ihnen Trennung und Vereinigung erfährt, der erfährt die Drohung des Nichtseins, die Drohung der Trennung noch in Vereinigung. Doch jede Drohung fordert ein Nein heraus. Sie sind der Schrittmacher des Neinsagens. Wer sie verwirft, verwirft das Ja, das in dem Nein der Neinsagenden steckt, auch dem der unwissenden doppelköpfigen Menge. Es vernehmlich zu machen, ist das Ziel, auf es zu hören und sich von ihm leiten zu lassen, die Methode des vorliegenden Versuches.

2. – Diese Methode schließt Kritik nicht aus. Im Gegenteil, sie muß unterscheiden: zwischen dem Ja im Nein, kraft dessen dieses der Drohung des Nichtseins widersteht, und dem anderen Ja, das »kein Wunsch erreicht« und »kein Nein befleckt« (Nietzsche)[5] und das doch nur die letzte krampfhaft verteidigte Zuflucht des Neurotikers ist, der von der Anstrengung des Neinsagens erlöst sein will. – Dem Ja, das nur im Nein vernehmbar ist, entspricht die Formel des ontologischen Protestes: neinsagend zum Nichtsein habe ich Sprache, nur so erfahre ich das Sein; dem anderen Ja die Formel des ontologischen Restes: erst wenn ich alles preisgegeben habe, was von Nichtsein bedroht mein Selbst mit Nichtsein bedroht (zuletzt auch die von Irrtum bedrohte Sprache), habe ich als wortlosen Rest: das Sein. – Jeder Versuch, dem ontologischen Protest durch die Interpretation des »Restes« eine letzte Sicherheit zu geben, zerstört die Sicherheit des Protestierens und macht den Protest selbst zu einem Werkzeug der Zerstörung. Das gilt von der zweifelsfreien Gewißheit des Zweifels bei Descartes, die erst in dieser Interpretation zu einer

»Sandbank« (Jaspers)[6] wird, und das gilt erst recht von allen Situationen des Verzweifelns an Sinn, denen niemand beikommt mit dem logischen Rest eines im Aussprechen der Sinnlosigkeit noch immer vorausgesetzten Sinnes. Erst wenn der an Sinn Verzweifelnde das Aussprechen der Sinnlosigkeit als ein Protestieren gegen Sinnlosigkeit bejaht und auch der Zweifel des Descartes verstanden wird als die Entdeckung der im Neinsagen sich offenbarenden göttlichen, weil vernünftigen, weil gegen das Nichtsein des Irrtums protestierenden Macht des Seins, ist der Zweifelnde vor den zerstörerischen Folgen bewahrt, in die fanatische Selbstbehauptung ebenso wie fanatische Selbsthingabe treiben. Ihr scheinbar unerschütterliches Ja ist nur die zu einem ohnmächtigen »Rest« verstockte Macht des Protestierens. – So führt Jona, der sich anfangs dem Auftrag, »nein« zu sagen, durch das Nein der Flucht entziehen will, seinen Auftrag zwar am Ende aus, aber der Protest versteint zum »Rest«, an dem so wenig zu rütteln ist wie an dem von ihm zum Fetisch gemachten Wort Gottes. Die von Gottes Zorn bedrohte Stadt Ninive soll untergehen. Ja und Nein sollen, nicht anders als bei Parmenides, in zwei Bereiche geschieden sein, und die Leute aus der großen Stadt, die »nicht wissen Unterschied, was rechts oder links«[7] (die doppelköpfige blöde Menge), sollen dem Nichtsein ausgeliefert sein, das hier Vernichtung heißt. Aber Vernichtung trifft mit der doppelköpfigen blöden Menge zugleich die Dialektiker, die sich deren Sprache zu eigen machen, und verletzt mit dem lebendigen Sein zugleich dessen Leben erhaltende und versöhnende Macht, das »Wort Gottes«. – Dem Propheten werden die Augen geöffnet durch die eigene Bedrohung. Gott läßt den Rizinusstrauch, unter dessen Schutz er schmollend in der Wüste saß, über seinem Kopf verdorren, und vor den

Augen des an Gottes Gnade Zweifelnden liegt die große Stadt, der er selbst den gnadenlosen Untergang zugedacht hatte. – Der Protest, den das letzte Kapitel des Buches Jona gegen die säuberliche Scheidung der Welt in einen Bereich des Nein und einen des Ja erhebt, kann als eine Anweisung gelesen werden, neinsagend so zu verfahren, daß der Neinsagende sich mit dem Ja verbündet, das auch in dem von ihm Verneinten wirksam ist, weil auch in ihm die Leben erhaltende und versöhnende Macht des Seins wirksam ist. Jona erfährt die Wirksamkeit des Wortes Gottes auch in dem gegen das Wort Gottes protestierenden Wort. Ihm wird eine Lektion über Verrat erteilt. Neinsagen ist schwierig, weil es schwierig ist, das Nein vernehmbar zu machen, ohne den Bund mit Gott und damit auch sich selbst und damit auch die große Stadt Ninive zu verraten. Der Neinsagende schwankt zwischen dem Nein des Sich-Entziehens und dem Nein der Vernichtung. Beides wäre Verrat. Der Protest des Neinsagenden ist gegen Verrat gerichtet.

3. – Wie die Geschichte von der Erleuchtung des Parmenides in der Dialektik von Wissen und Nichtwissen (der Dialektik aller Stationen der griechischen Philosophie), so steht die Geschichte von der Berufung und dem Starrsinn des Mannes Jona in der Dialektik von Treue und Verrat. Sie ist das zentrale Problem des Alten Testamentes. Eine Ontologie, die auf dieser Dialektik aufbaut, sieht prinzipiell anders aus als eine Ontologie, die sich allein auf die Erleuchtungen griechischer Philosophen beruft. In einer Zeit, für die Verrat wieder eine beängstigende Erfahrung ist, die alle möglichen Phänomene der Enttäuschung, einer zornigen oder resignierenden Abkehr, unter dem Begriff »Verrat« verschwinden läßt[8], können Erfahrungen

nicht gleichgültig sein, wie sie die prophetischen Bücher des Alten Testaments formulieren. – Den »Bund« mit Gott halten ist das Symbol der Treue, diesen Bund brechen das Modell des Verrats. Gott die Treue halten heißt dem lebendig-machenden Sein selbst die Treue halten, in sich und anderen und in allen Bereichen des Seins. Es verleugnen in irgendeinem Bereich des Seins heißt den Bund mit Gott brechen und das eigene Fundament verraten. Baalsdienst ist nicht Unwissenheit oder ein Sich-Arrangieren mit den Mächten (wie der Götterkult für griechische Philosophen), sondern Verrat. Die letzte unbedingte Macht des Seins ist in allen Bereichen, Formen, Gestalten des Seins eine. Darum ist Verrat im Wortsinn niemals »isolierbar«. Darum ist Verrat an anderen zugleich Selbstverrat und jeder Protest gegen Verrat Protest nicht nur im eigenen Namen, sondern zugleich in dem der anderen. Jona verrät, als er sich dem Auftrag entziehen will, und er verrät, als er auf der Zerstörung Ninives besteht. Aber hat nicht auch Ninive verraten? – Dies ist der entscheidende Punkt in der Dialektik des Verrats, daß auch der Sich-selbst-Verratende einen Anspruch erhebt, den ich erfüllen oder verraten kann. Es ist, mit dem Begriff, den das Symbol des »Bundes« nahelegt, der Anspruch auf »Bundesgenossenschaft«, der einzige Anspruch, der auch mit dem Verrat des Anspruchs nicht erlischt. Der Gedanke, daß potentiell jedes Seiende »Bundesgenosse« ist im Kampf gegen den Verrat, auch das mich und sich verratende, ist das einzige Gegengewicht gegen die stoische Resignation, die schon Parmenides formuliert, indem er den Schnitt macht zwischen den Wissenden und der unwissenden Menge. Der uns vertraute Begriff der »Aufklärung« ist nicht denkbar ohne den Begriff einer potentiellen universalen Bundesgenossenschaft gegen Verrat. – Der Verratsbegriff im ursprungsmythischen Denken und seinen Derivaten bis zu den völkischen Kulten unserer Zeit scheint dem des Alten Testaments zu widersprechen. Verrat ist das Verlassen des heimischen Raumes, die Entfernung vom Ursprung. Hätte Abraham sein Vaterland nicht verlassen, hätte er Gott verraten. Jetzt ist Abraham, der sein Vaterland verläßt, der Verräter. Aber der Verratsbegriff des ursprungsmythischen Denkens zehrt von dem Verratsbegriff des Alten Testaments. Das Ausweichen vor dem Bund ist die Verzerrung des Bundes. Nur wo Erfahrungen, wie das Alte Testament sie formuliert, die Herrschaft der Ursprungsmächte erschüttern, wird aus der Angst vor Tod und Schicksal die Angst vor Verrat. Angst vor Verrat läßt nach Verrätern Ausschau halten. Nicht Sündenböcke, sondern die Verräter des Verrats werden, sobald die letzte neurotische Sicherung durchschlagen ist, mit dem Tod bestraft. – Ursprungsmythisches Denken kennt wohl Überlistung und Betrug, auch ein Verraten von diesem und jenem an diesen und jenen, doch nicht »den« Verrat. Trickster und Heilsbringer der Mythologie, Gestalten wie Prometheus und Loki, verraten wohl Geheimnisse oder einzelne Personen oder ganze Göttergeschlechter, aber sie verraten durchaus nicht sich, weil sie keinen universalen Anspruch verraten, nicht das lebendigmachende Sein und nicht die potentielle Bundesgenossenschaft alles Seienden. Coriolan oder Alkibiades oder Arminius wechseln die Fronten, Philosophen übersteigen sie, und der Mysteriengläubige, der sich in verschiedene »letzte« Wahrheiten einweihen läßt, scheut wohl die Profanierung des Geheimnisses, aber nicht den Verrat des einen durch das andere. Erst der eifernde Gott des Alten Testaments, dessen Zorn das »fremde Werk« der Liebe ist, weil er gerichtet ist gegen den Verrat an Liebe, macht aus den verschlingenden Baalen die Zerrbilder seiner selbst: eifernde Götter, die den Verräter strafen. Dies ist geradezu die Definition des »Götzen«: daß er für einen Bereich den unbedingten Anspruch erhebt, den man »verraten« kann, und dies das einzige Kriterium für die Entlarvung des Götzen: daß die Erfüllung des Anspruchs Verrat am Charakter des Anspruchs wäre und damit Verrat auch an dem Bereich des Seins, dem götzendienerische Ehren erwiesen werden. – Jona, dem Gott eine Lektion über Verrat erteilt, muß erkennen, daß das Kleben an den »Worten« Gottes auch das Wort Gottes zum Götzen macht; daß auch Zorn gerecht sein muß und eine Aktualisierung der Liebe[9]; daß Neinsagen gegen Verrat den Neinsagenden zum Verräter macht, wenn sein Protest sich nicht mit dem Verratenden selbst verbündet, so wie Gottes Protest gegen das abtrünnige Ninive sich mit dem Manne Jona, dem verstockten, verbündet hat. – Es ist hier nicht der Ort, eine Ontologie des Verrats zu entwickeln. Aber eine Rechtfertigung dessen, der nicht dem Weg des Parmenides folgt und der sich nicht einmal darauf berufen kann, daß Jona aus der ihm erteilten Lektion gelernt hat (denn das Buch Jona berichtet davon nichts), kann nur in dem Versuch gefunden werden, die Frage zu stellen, die das Buch Jona stellt: wie es möglich sei, weder Gott noch sich selbst noch die große Stadt Ninive zu verraten.

II

»Versuch« ist ein Name, der auf Unfertiges hinzudeuten scheint, zugleich ein Name, der Protest erhebt gegen einen die Freiheit des Subjekts in Frage stellenden Begriff von »Fertigkeit«. Fertigkeit gehört zu allem Tun, auch dem des philosophierenden Gedankens. Aber sowenig das

Philosophieren eine bestimmte Fertigkeit ist (wir sind peinlich berührt, wenn sich einer einen Philosophierenden nennt), so wenig ist die Philosophie ein Inbegriff oder das Produkt von Fertigkeiten. Natürlich gehört Fertigkeit dazu, eine bestimmte Methode zu handhaben und ihre Handhabung zu kontrollieren, nicht minder als zur Verfertigung eines Gedichts und deren Kontrolle. Aber es gibt nicht den philosophischen Gedanken neben dem unphilosophischen oder dem der Philosophie feindlichen Gedanken, sondern nur das philosophische Moment des Gedankens gegenüber seiner Leugnung oder Beschwichtigung. Dieses, ob es sich bekennt oder, sich selbst verstümmelnd, nicht wahrhaben will, ist nichts anderes als das Moment des Einspruchs in der Vereinigung des Getrennten, auf die jeder Gedanke zielt, zugunsten der noch nicht geglückten, aber erstrebten, der besser gelingenden, der endlich ganz gelingenden Vereinigung. Nicht die Versöhnung hat Marx Hegel vorgeworfen, sondern das Mißlingen der Versöhnung [10]. Der Begriff »Versöhnung« wird dort fragwürdig sein, wo Fertigkeit zum philosophischen Moment des Gedankens als dem Moment des Einspruchs, den er erhebt, nicht zuletzt Einspruch gegen die »Fertigkeit« des Gedankens wie des ihn produzierenden Denkens bedeutet. – Wer so argumentiert, scheint dem Philosophen die Rolle des Neinsagers zuzumuten. In der Tat ist das der Fall. Aber er kann sich mit dieser Feststellung nicht begnügen. Denn sowenig Philosophie einen bestimmten Gegenstand oder eine Summe von Gegenständen, eine nur ihr eigene Methode oder gar nur durch sie aufschließbare Sphäre, sei es hinter, unter, über oder in den Dingen hat (sie würde den universalen Anspruch des Einspruchs verraten, den das philosophische Moment des Gedankens gegen jede nur partielle Versöhnung erhebt), so wenig ist Philosoph ein Name für eine besondere, sei es von Natur, sei es durch Training oder Dressur ausgezeichnete species Mensch, sondern ein Name, und zwar ein redender Name, des Menschen. Es ist nicht unsinnig, geschweige überflüssig, Philosophie zu beschreiben als den Versuch, diesen Namen durch alle Scheidungen hindurch in allen Sphären der Wirklichkeit zum Reden zu bringen. Indem der Mensch (aber schon diese Wendung ist peinlich, weil sie resignierend einer »niederen« Sphäre überläßt, was unverzerrt die Sehnsucht nach der Vereinigung aller wäre) denkend »aufs Ganze geht«, will er keine Sphäre länger für sich stehen lassen. Eine für sich stehen lassen wäre Verrat. Aber er muß ständig verraten, wenigstens sobald er sich in eine ganz versenken will, und wenn er sich, davor zurückschreckend, rein erhalten will, so ist auch das Verrat, an ihrem Anspruch und an dem der anderen. Dies ist das Kriterium, die große Scheide zwischen den Philosophien: ob sie gegen den Verrat, der zum Menschen gehört wie die Vergegenständlichung und die Zerstörung jeden Gegenstands, protestieren, ob sie »nein« sagen gegen die Zerreißung der Welt, die im einzelnen Wort beginnt und die nicht endet mit der geglückten Vereinigung der Worte im Satz, oder ob sie diese akzeptieren und sie so – eine »eigentliche« Sphäre gegen die vielen uneigentlichen, die doch letztlich auch in einer zusammenfallen, ausspielend – wider besseres Wissen verklären. – Dabei muß, wer »wider besseres Wissen« sagt, schwerer Vorwürfe gewärtig sein. Aber er will nicht verleumden, sondern protestieren, im Namen auch der Angegriffenen selbst. Wie die Scheidung von »heilig« und »profan«[11] einmal nicht der Selbstberuhigung des Heiligen und des Profanen, sondern der Beschwörung jener Mächte diente, die allem Leben Tiefe, Sinn und Richtung geben, so sprach auch die Scheidung von »eigentlich« und »uneigentlich«, nicht anders als die von »wahr« und »unwahr«, einmal eine Forderung aus, die sich an jeden richtete, der über dem Uneigentlichen das Eigentliche, über der Unwahrheit die Wahrheit vergaß. Diese Situation ist unsere nicht mehr. Längst ist die »Zerreißung« der Welt, in deren Bild auch die reale Spaltung dieser Welt vollzogen wird, Methode nicht nur einer »verratenden« Philosophie, sondern einer »verratenden« Praxis in allen Sphären des Lebens. Mühsam sucht nach Bundesgenossen, wer die Zerreißung bekämpft. Er wird sie finden, wo die Zerreißung selbst beim Namen genannt wird, allerdings nicht unter denen, die ihr kritisches Wort für die Bestätigung nehmen, selbst heil zu sein. Wie es heute ein Prüfstein für Lyrik ist, ob ihr das gegen Verrat protestierende Wort gelingt, aber nur: durch das verratende hindurch, nicht neben ihm, nicht an seiner Stelle, so ist es ein Prüfstein für die Frage, wann einer die richtigen oder die falschen Bundesgenossen hat, ob sie, seien es Wissenschaften, Künste, Fertigkeiten irgendwelcher Art, im Innern der sich selbst Verratenden den Kampf beginnen oder nicht.

III

1. – »Versuch« ist die Übersetzung von »Essay«. Von den fünf literarischen Formen des philosophischen Gedankens – der sentenziösen, der aphoristischen, der essayistischen, der systematischen und der summarischen [12] – wurde die essayistische gewählt. – Sentenz (ihr Vorbild ist die in Stein gehauene Grabschrift: ein Satz das Leben) und Summa (ihr Vorbild ist das gehütete Priesterwissen, das die Summe zieht aus allen Zusammenhängen zwischen Himmel und Erde) sind als philosophische Formen apo-

kryph. Die Sentenz, ehemals lapidar und nicht lakonisch [13] (im ersten Wort steckt das Vertrauen auf die dauernde Macht des Wortes, im zweiten Wort das Mißtrauen gegen das Wort), hat einem allgemeinen Lakonismus Platz gemacht (einem, der sich auch mit redseligen Produktionen gut verträgt) und ist zu Spruchband und Werbeslogan verkommen. Summa, als eine, die kein einzelner Mensch mehr zu ziehen vermag, ist dem Prinzip einer ihr äußerlichen Verknüpfung, z.B. der des Alphabetes, unterstellt und aus einem Grundwissen in ein Behelfswissen verwandelt worden. – Sentenz und Summe, als die beiden Endpunkte einer Reihe, sprechen beide den Gedanken der Einheit aus: jene den einer »konkreten« Einheit, die wir uns als ein »intensives Uni-versum« verdeutlichen können; diese den einer »abstrakten« Einheit, der ein »extensives Totum« entspricht. Wir vermuten, daß ein System, sofern es gleichfalls uni-versalen Anspruch erhebt, ein extensives Universum zum Gegenstand hat; und daß dieses zugleich, gegen das extensive Totum der Summe gehalten, ein intensives Totum genannt werden kann. Aber das sind formale Erwägungen, die wenig besagen, solange wir uns nicht über Aphorismus und Essay verständigt haben. – Aphoristisch ist, der Form nach, ein großer Teil der wissenschaftlichen Produktion [14], denn aphorismos ist nicht der abgetrennte oder fragmentarische, sondern der trennende Gedanke: eine Schneise, die das erkennende Subjekt durch das Dickicht schlägt. Aber dabei bedarf es des Systems, zumindest der Hoffnung auf ein System, sei es ein natürlicherweise hinter allem Gedachten stehendes, sei es ein vom Denken einer zusammenhanglosen Wirklichkeit abgetrotztes oder fordernd ihr entgegengehaltenes System, denn erst in der Zusammenstellung der durch aphorismos getrennten Stücke ist der Anspruch des aphorismos – zu trennen, nicht um zu scheiden, sondern um das Getrennte besser zusammenzufügen – erfüllt. Jeder Essay ist ein Versuch auf diesem Wege. Des Aphorismus sich bedienend, strebt er hin auf das System. Aber – das sind die Motive, zwischen denen schwankend oder als ein Übergang die Schwebe haltend, er auf seinem Wege stehenbleibt: – er braucht sein Ziel nicht zu erreichen, oder er vermag es nicht. Er ist sich der Erfüllung des Anspruchs (als einer gegenwärtig in ihn eingesenkten oder doch in Zukunft sich ereignenden) gewiß, oder er fällt zurück hinter die Erfüllung des Anspruchs, den das System erhebt.

2. – Der lückenlosen Erfüllung dieses Anspruchs dienten einmal deduktive Methode und enzyklopädische Form; beides Lehrstücke eines mythologischen Denkens, die umfunktioniert und in das Denken der europäischen Aufklärung übernommen wurden. Aber jener Anspruch war nicht länger zu erfüllen, sobald das Vertrauen auf die Macht der Deduktion als der Ableitung alles Einzelnen aus Ursprüngen, Prinzipien, Axiomen (sämtlich Interpretationen mythischer archai), in der sich deren Mächtigkeiten fortpflanzen und erhalten, erschüttert war. Und auch die enzyklopädische Form konnte nur so lange Vertrauen finden, als ein kyklos des vernünftigen Wissens bestand, vergleichbar dem Gesichtskreis eines völlig aufgeklärten Menschen, in dem, trotz Wechsel der Perspektive und Wanderung des Horizonts, alles, was in ihn hineingeriet, einer fortschreitenden »Erziehung des Menschengeschlechts« zum Besseren diente. – Im Vertrauen auf dieses Fortschreiten ist der moderne Essay entstanden, der mit keiner der ihm ähnlich sehenden Formen der antiken Literatur verwechselt werden darf. Denn waren diese, nach dem Ziele der in ihnen ausgesprochenen philosophischen

Gedanken, sämtlich Einführungen in die Erkenntnis des »Alten« und darum profanierte Formen einer Initiation oder Isagoge in das Mysterium einer alten, ältesten, ewig sich gleichbleibenden Wahrheit (das lehren deutlich die Platonischen Dialoge, die formal modernen Essays oft so nahestehen)[15], so ist der moderne Essay, auch wenn er sich, dem »einführenden« Charakter des Dialoges folgend, zunächst noch dessen Form bedient, eine Einführung in die Erkenntnis des »Neuen«, noch Unerprobten; zielend nicht auf die verschüttete Wahrheit von gestern, sondern die erst dämmernde von morgen. – In dem Wort »Essay« steckt der Begriff »Examen«, der im Experiment als einer so noch niemals an die Natur gerichteten »Frage« (erschaffen durch das schöpferische Wort, ist sie von gleicher Struktur wie das erkennende Wort, wird sie eine in menschliche Sprache übersetzbare Antwort geben) seine die Natur verändernde Praxis gefunden hat. Ihren theoretischen Ausdruck findet die Erkenntnis des »Neuen«, angekündigt in zahlreichen Namen einer scienza nuova, ars nova, vita nuova[16], im Prinzip der »Induktion« als der neuen, nach vorn gerichteten Methode. Sie ist das organon für die Erkenntnis des Neuen, in das einzuführen sie verspricht[17]. Auch wenn sie in der Form eines ungesicherten deduktiven Schlußverfahrens aufzutreten scheint (und in der traditionellen Logik so auch abgehandelt wird), ist sie doch Träger eines ganz andersartigen Prinzips, dessen Erörterung auch auf den Begriff des »Essay« ein Licht werfen wird. Denn während im deduktiven Verfahren (wir folgen Hegels Terminologie)[18] das »Besondere« das »Einzelne« mit dem »Allgemeinen« vermittelt und diese Vermittlung in der Tat »zwingend« ist, weil die Macht des Allgemeinen (der Ursprünge) durch das Besondere (die Geschlechterkette) hindurch bis in das einzelne Exemplar sich fortzeugt (es ist im Grunde ein genealogisches System, seine Wurzel ist die Theogonie[19], deren Probleme formulieren seine Probleme und deren Herrschaftsbereich den seiner Verbindlichkeit), vermittelt im induktiven Verfahren das »Einzelne« das »Besondere« mit dem »Allgemeinen«, und dieser Schluß kann nicht wie jener »zwingend« sein, weil hier das Einzelne nicht mehr gebunden ist an eine die Macht der Ursprünge weitertragende Geschlechterkette. Aber das Einzelne, diesem Zwange entrückt, kann gerade darum Träger einer universalen Vermittlung sein, weil in ihm die Macht des Allgemeinen und des Besonderen, in jedem einzelnen von neuem und in jedem einzelnen neu, sich konzentriert oder – mit dem Worte des Cusanus – »kontrahiert«.

3. – Erst auf dem Hintergrund des deduktiven Schlusses der antiken Logik wird das Neue dieses Verfahrens – trotz Beibehaltung alter Formeln und Bezeichnungsweisen – klar. – Das klassische Beispiel für den deduktiven Schluß der traditionellen Logik, das den sterbenden Sokrates zum Gegenstand hat, unterstellt diesen dem durch alle Menschengeschlechter sich fortzeugenden Fluch der Sterblichkeit, nicht anders als Porphyrios in seiner Isagoge[20] in die aristotelische Logik das Agamemnonschicksal als ein Atridenschicksal, ein Pelopidenschicksal, ein Tantalosschicksal erklärt und so am Beispiel des Geschlechterfluches hellsichtig das deduktive System erläutert. Daß der ausweglos zum Sterben verurteilte Sokrates (alle Menschen sind sterblich, Sokrates ist ein Mensch, also ist Sokrates sterblich) zum Schulbeispiel der Philosophen werden konnte, setzt freilich schon ein Denken voraus, das sich das Sterben des Sokrates zum Vorbild nehmen kann, weil der Tod nur das zufällige Gefängnis einer unsterblichen Seele oder des

göttlichen nous zerstört, nicht diese. Ein Denken dieser Art steht nicht mehr unter der Herrschaft des deduktiven Verfahrens. Es hat sich erkennend mit dem Schicksal geeint, das den zum Tode Verurteilten ereilen wird. Das Schicksal selbst unterliegt nicht dem Tode, die Erkenntnis des deduktiven Systems soll den Erkennenden vom Zwang des deduktiven Systems befreien, aber der Preis, den er für die Befreiung zahlen muß, ist die Bestätigung der Herrschaft des Systems. Diesen Preis will das induktive Verfahren nicht länger entrichten. – Unter der Herrschaft des deduktiven Verfahrens müßte der induktive Schluß unsicher werden: daß Sokrates sterblich ist und außerdem ein Mensch, verbürgt noch nicht, daß alle Menschen sterben. Sie sind (formal) dem Zwang, sterben zu müssen, entrückt. Damit das induktive Verfahren schlüssig wird, bedarf es eines anderen »Schlusses«: Sokrates, dieses einmalige Individuum, ist noch in seinem einmaligen Sterben ganz und gar Mensch; oder, in der kürzesten Form, nicht: auch Sokrates unterliegt dem Fluch des Menschseins und des Todes, sondern: Sokrates ist ein sterblicher Mensch. Nur am Rande sei bemerkt, daß die neue Methode zu einem prinzipiell neuen Verständnis aller menschlichen Aktionen führen muß[21]: sie zwingt, auch das der »Menschlichkeit« oder »Sterblichkeit« Widerstreitende, also Unmenschliches und Unsterbliches, in Begriffe von Menschlichkeit und Sterblichkeit zu übersetzen, statt ihm Bereiche anzuweisen jenseits der Welt oder es auf das Konto übermenschlicher Mächte zu setzen. Dadurch konnte das induktive Verfahren zu einem der mächtigsten Werkzeuge der Entdämonisierung werden, und zwar einer, die gegen die »Dämonen«[22] kämpft, und nicht bloß einer, die, wie die griechische Philosophie, eine dämonische Wirklichkeit denkend übersteigt. – Das Instrument dieses Übersteigens ist das dritte Schlußverfahren, das der Analogie. Hier, wo alle Macht des Schlusses beim »Allgemeinen« verbleibt, müssen »Einzelnes« und »Besonderes« (Sokrates und alle Menschen und überhaupt alle sterblichen Wesen) gleichgültig werden vor dem Einen, Selben, das in der Vielzahl der Erscheinungen »spielend« kreist. Indem sie aufhören, »Einzelnes« und »Besonderes« zu sein (denn die Macht des Allgemeinen erscheint in ihnen allen gleich: das eben ist die Verbindlichkeit des Schlusses), verlieren sie schließlich das Interesse des Erkennenden. Er läßt sie unter sich zurück wie der Sokrates des Gastmahls die schönen Leiber und alle schönen Formen. Ausdruck der Gleichgültigkeit ist der Verzicht auf das unterscheidende Wort und das Sich-Begnügen mit dem stammelnden oder raunenden oder dem in Wortlosigkeit zurücktauchenden Wort. Sprache wird zu einer »Entsprechung« des »Selben«. – Gegen beide: den Zwang der Ursprünge im deduktiven Verfahren, der das sprachliche Modell des Totalitarismus ist, und die wirklichkeitverflüchtigende Konsequenz des analogischen Verfahrens, das sprachliche Modell der Indifferenz, protestiert das Verfahren der Induktion. Es nimmt die Verkörperungen, an denen es erkennend anknüpft, ernst, denn es erkennt in ihnen, und nur in ihnen, die Tiefe der Wirklichkeit.

4. – So wie das Pathos des Neuen, das uns zuerst in den Büchern des Alten Testamentes entgegentritt, unter Berufung auf dieses Testament in der europäischen Aufklärung neu formuliert worden ist (nicht allein Bacon und Hobbes, Herder und Kant, auch Marx und die philosophierenden Marxisten bis heute, auch der amerikanische Pragmatismus, z. B. James, stehen bis in die Wahl einzelner Worte hinein in dieser Tradition) [23], so ist die Verkörperung

dieses Pathos im Einzelnen, das unendliche Bedeutung erhält, nicht nur eine Umformulierung antiker Mikrokosmos-Makrokosmos-Gedanken, sondern eine Neuformulierung des christologischen Problems. Es ist eine Antwort auf die Frage nach der »konkreten« Verkörperung des Unendlichen im Endlichen, der Macht des Seins im einzelnen Seienden, des Schöpfers im Geschöpf. Sie kennt wohl den Begriff einer unzureichenden, verzerrten oder getrübten Verkörperung (wennschon meist nur unzureichende Antworten auf die Frage nach dem Grund der Trübung oder Verzerrung[24]: dies die aufklärerische Parallele zum stoischen Problem des Ursprungs der Unterscheidung von Weisen und Toren); sie kennt auch den Begriff einer Verkörperung, die sich selbst zerstört; aber nicht länger den Begriff einer ewig der Verkörperung widerstrebenden Materie. Darum kann es jetzt einen entdämonisierenden Materialismus geben, denn vernünftig und d. h. zugleich göttlich ist die Struktur der Materie, und Angriffe gegen das materialistische Denken sind oft nur der in Dämonenverachtung sich rettende Rückfall in Dämonenfurcht. Wenn noch so ohnmächtig, formlos und in seinem Sinn bedroht, verkörpert das Individuum dennoch die Macht des Widerstehens trotz Ohnmacht und Zerbrechens, den Anspruch der Form trotz des Zwiespalts der Formen und des Versinkens in Formlosigkeit, das Fortschreiten auf Sinnerfüllung trotz zerstörerischen Aufbegehrens der Sinne und des Verzweifelns an Sinn. Darum kann das Individuum Neuem sich zuwenden, Neues in sich aufnehmen und Neues hervorbringen. – Es ist hier nicht der Ort, zu zeigen, wie das Pathos des Neuen, durch den Begriff der »Induktion« hindurch, eine neue Form der »Produktion« verstehen und entstehen läßt, einer, die sich nicht länger an die Wiederholung mythischer Modelle klammern muß und das Neue nicht mehr nur ertragen kann, wo es auf das Alte reduziert erscheint, sondern die das Neue selbst hervorbringt; obschon gerade dies unser Leben von Grund auf verändert hat, auch in der Produktion von Gedanken[25]. Den Begriffen Essay und Versuch haftet immer etwas von der »Neugier« des Experimentierens und Probierens an, einer Neugier, die so wenig mit einer Flucht ins Unverbindliche und Unverantwortliche verwechselt werden darf wie jenes Experimentieren und Probieren mit ziellosem Schwanken. Dem Satze einer auf das Alte, ja Älteste blickenden Ontologie, daß jede Entfernung vom »Ursprung«, schon das »Entspringen im ontologischen Felde«, »Degeneration« bedeute[26], steht hier die Hoffnung entgegen, daß es gelingen möge, dem Zwang der Ursprünge zu entspringen. Aber Entspringen bedeutet nicht, im »Felde der Ontologie« oder auf irgendeinem anderen Felde, die »Hörigkeit« andauern lassen, wie sie der Kult eines jeden vergöttlichten Feldes fordert, sondern Entspringen bedeutet, den Zwang der Ursprünge brechen und die gebrochenen, doch nicht zerbrochenen, versöhnen. Ziellos schwankt, wer sich über alle Felder erhebt zu dem »einen« Feld, das die Konflikte unerlöst fortbestehen läßt, und doch unvermeidlich niederstürzen muß auf eins der vielen Felder mit seiner Umzäunung und seinem Opferstein in der Mitte und dem Haß gegen alle, die nicht anbetend niederfallen, oder einer Verachtung, die schlimmer ist als Haß. In einer Welt, in der dieses Schwanken eine weitverbreitete Form der Bewegung ist, weil viele schwanken zwischen den totalitären Mächten, die Sicherheit geben um den Preis der Selbstverstümmelung, und einer totalen Indifferenz, die Vergessen gewährt um den Preis der Selbstentleerung, scheint es fast unmöglich zu sein, auch nur ein Wort zu sagen, das nicht in diese Bewegung hineingezogen wird. Enttäuschung ist der Motor der Bewegung. Haß und Selbsthaß sind ihre Produkte. Eine Sprache, die ihnen widerstehen soll, müßte die Verkörperung des Neuen sein, jedes ihrer Worte, selbst dort noch, wo es schneidet, ein Instrument der Versöhnung. Die literarische Form des Essays, des Versuchs, der diese Sprache selbst nicht geben kann, kann doch die Frage nach ihr formulieren, in der sie fordernd gegenwärtig ist.

5. – Der Versuch, die literarische Form des Essays zu bestimmen, führt als die Bestimmung der Methode, deren sich der Essay bedient, in die Schwierigkeit nein zu sagen mitten hinein. Protestierend gegen Sprache, die sich einem deduktiven System der Zwänge unterwirft, und protestierend gegen Sprache, die eine von Zwängen zerrissene Wirklichkeit in Analogien sich auflösen läßt, ist er ständig in der Gefahr, dort die Ableitung preiszugeben und hier den Zusammenhang. Aber Ableitung und Zusammenhang dürfen so wenig preisgegeben werden wie Tradition und Gemeinschaft. Das Prinzip der Induktion ist auf Verkörperung angewiesen. Es läßt sich geradezu beschreiben als eines, das gegen Leben zerreißende Traditionen für eine Leben erhaltende Tradition und gegen eine Leben verzerrende und das verzerrte auch noch sanktionierende Gemeinschaft für eine unverzerrte Gemeinschaft kämpft. – Daß es fast schon unmöglich ist, Begriffe wie Tradition und Gemeinschaft in wissenschaftlicher oder unwissenschaftlicher Prosa zu gebrauchen, ist eine aufdringliche Demonstration der Schwierigkeit nein zu sagen. Sich richtend gegen das Nein, das den Zwängen folgt, und gegen jenes, das, den Zwangscharakter der Welt leugnend, ein folgenloses Erkennen zur Folge hat, ist der Neinsagende in doppelter Gefahr: der eines Denkens, das seine

eigenen Fundamente und damit die eigene Selbstbehauptung zerbricht, und der eines Denkens, das die Konzentration auf den Gegenstand mit der nicht wieder rückgängig zu machenden Isolierung seiner selbst und des Gegenstands verwechselt. Er ist in der Gefahr, das Brechen der Zwänge mit einem Zerbrechen und die Konzentration des Denkens mit Blindheit zu erkaufen. In dieser Situation kann auch das Vertrauen auf eine Methode nicht helfen, die dem, der sich der Stellungnahme enthält, den Blick ins unverstellte Wesen der Dinge als Lohn verspricht. Daß dem gelassen Schauenden wirklich die Wahrheit sich zeige, war in den Anfängen des phänomenologischen Denkens noch ein Protest gegen die gnadenlose Entstellung der Wirklichkeit durch ein sie zerbrechendes Erkennen. Doch für den, der erkennt, daß auch Enthaltsamkeit die Gnade des Erkennens nicht auf sich zu ziehen vermag, ist zugleich die Hoffnung entflohen, jemals erkennend eines unversehrten Zusammenhangs teilhaftig zu werden. – Aber sowenig der Protest gegen die entstellten Zusammenhänge auf den Zusammenhang verzichten kann, so wenig kann auch nur der Versuch, die Entstellungen zu beschreiben, auf das System verzichten. Es geht nicht auf im ursprungsmythischen Bilde eines natürlichen oder als Natur verklärten Zusammenhangs, und es geht nicht auf in einer den Zusammenhang ersetzenden Zusammenstellung einzelner zerbrochener Stücke. Ein Begriff des Systems, der weder die Schicksalsseite des Zusammenhangs noch die Freiheitsseite der Zusammenstellung leugnet und sich doch weder jener unterwirft noch dieser als eines Instruments der Unterwerfung sich bedient, kann nicht unabhängig sein von dem System der Gesellschaft. Ihr ein Bewußtsein ihrer selbst zu geben, ist die vornehmste Aufgabe des Erkennenden. Er wird auch für sein System in ihr nach den Modellen suchen müssen, in denen trotz des verzerrten Zusammenhaltes die Erwartung eines nicht verzerrten lebendig ist. Aber ehe er jene Modelle vorschnell zu Zwängen macht, durch die er die in ihnen verkörperten Erwartungen wider besseren Willen zerstört, wird er sich mit einer Montage begnügen, die weder den bruchstückhaften Charakter der Wirklichkeit leugnet noch den Anspruch des Systems verrät, der auch die aphoristischen Gedanken des Versuchs bewegt.

Exkurs über die Quellen der Belehrung

Wir müssen beschränken, wonach wir fragen. Obschon wir nicht die Ansicht teilen, daß sinnwidrige Fragen zu stellen in jedem Falle ein sinnwidriges Unternehmen ist, obschon wir vielmehr der Ansicht sind, daß kaum eine Frage so dringlich ist wie die, was Menschen dazu treibt, sinnwidrige Fragen zu stellen, und wir beinahe geneigt sind, an der Ernsthaftigkeit einer Aussage zu zweifeln, die sich nicht in der Form einer sinnwidrigen Frage vortragen läßt, wollen wir doch zuerst nach dem Sinn unserer Frage fragen. Die Prüfung ihres Sinnes wird ihre Beschränkung sein oder, mit dem Worte des Cusanus, ihre »Kontraktion«. – Wir fragen nach der Schwierigkeit nein zu sagen. Was ist der Sinn dieser Frage? Wir wollen nicht unmäßig sein, und wir sind gewarnt: jeder einzelne Begriff kann ins Unendliche führen. Wir unterschätzen die Schwierigkeiten der Belehrung nicht, zumal in einer Frage, die (wie das bei jeder Frage eigentlich der Fall sein sollte) dem Fragenden nicht eher Ruhe gibt, als daß die Differenz verschwunden ist zwischen dem, was zur Belehrung treibt, und dem Belehrten. – Wer die Sinnwidrigkeit einer Frage zu konstatieren meint, hat oft nur das Bestehen dieser Differenz im Sinn, gegen die zu protestieren der Sinn der Frage ist.

I

Wer belehrt uns über die Schwierigkeit nein zu sagen? Wir kennen den Menschen, der nicht nein sagen kann. Sein Nein würde ihn isolieren, er ängstigt sich vor der Einsamkeit. Er will »niemanden vor den Kopf stoßen«, denn auch er will nicht verstoßen sein. Nicht nein sagend identifiziert er sich mit allem und jedem. Doch er kann sich nicht mit allem und jedem identifizieren. Die Mächte, von denen verstoßen zu werden ihm Angst bereitet, stehen untereinander in Konflikt. Sie würden den, der zu keiner nein sagt, unter sich zerreißen. Aber ist der Neinsagende gegen das Zerrissenwerden gefeit? Kann er sich nein sagend auch nur von einer lösen? Was über ihn Macht ist, ist auch Macht in ihm. Er ist Sanktionen ausgesetzt, und er ist nicht nur der Leidende, er ist auch der Vollstrecker der Sanktionen. – Er versucht, dem Konflikt der Mächte ganz zu entgehen: keinen Widerstand zu bieten, ein Niemand zu sein. Aber er ist nicht niemand. Die Anstrengung, es zu sein, entlarvt ihn. Er versucht, sich einer auszuliefern mit Haut und Haar, aber sie ist nicht Schutz, sie droht ihn zu verschlingen, und auf der Flucht vor der einen taumelt er in den Bannkreis der anderen. Er versucht, aus seinem Taumeln ein System zu machen. Er beginnt zu »springen«, von einer zur anderen. Doch nun braucht er eine, die ihm die Kraft zu springen gibt. Er versucht, sich über alle zu erheben, zu allen nein zu sagen, nicht nur zu dieser und jener. Aber die Erhebung gelingt nur zum Schein. Er muß sich ihrer versichern, er braucht eine Macht, die ihm die Versicherung gibt, sich erhoben zu haben. Er fällt zurück unter die Konkurrenz der Mächte. Er muß nein sagen, unter den Mächten, zu den Mächten. Er muß nein sagen, in sich, zu sich. Er muß seine Identität gewinnen, indem er sich identifiziert. Doch jede Identifizierung kommt einer Auslieferung gleich, sie bedroht den, der sich identifiziert, mit Identitätsverlust. Nichtidentität, freiwillig auf sich genommen, soll vor dem Identitätsverlust bewahren. Der Opfernde kommt den Zwängen zuvor. Doch auch er entrinnt nicht den Zwängen. Plötzlich hat alles ein anderes Gesicht. Wovor er davonlief, ist jetzt das Gesuchte. Nichts habend, woran er sich halten kann, sucht er den Zwang.

Begrenzung, und sei es zerstörerische Begrenzung, ist jetzt die Rettung vor dem zerstörerischen Grenzenlosen. Kann der Sich-Identifizierende seine Identität bewahren? Kann der Sich-nicht-Identifizierende sie vor der Zerreißung retten? Neinsagend zur formzerstörenden Vielheit der Formen sucht er vergeblich nach einer Form, die ihn vor formzerstörender Formlosigkeit bewahrt. Die Schwierigkeit nein zu sagen, anfangs eine kleine Schwierigkeit des Umgangs, die den Ton nicht verletzt, erscheint jetzt als das Problem der Identität unter der Drohung des Identitätsverlustes. Neinsagen ist schwierig, denn es ist ein Protest gegen Identitätsverlust, der die Identität des Protestierenden selbst bedroht, und die Angst, mit nichts mehr identisch zu sein, auch wenn der Sich-Ängstigende sich in dieses Nichts flüchtet, ist eine der großen Ängste dieser Zeit.

II

Was bewahrt den Sich-Ängstigenden vor der Angst? Die scheinbare Banalität, daß Reden hilft, scheint dort zu versagen, wo nicht mehr geredet wird. Das ist ein verbreiteter Zustand. Er wird als wortloses Gelingen angepriesen oder als indifferentes Verstummen beklagt. Sind es vielleicht nur zwei Modelle des Glücks, des Paradieses, eines wortlosen Von-der-Angst-Befreitseins? Aber befreit Verstummen von der Angst? – Der Sich-Ängstigende singt im Wald. Doch vor der eigenen Stimme erschreckend verstummt er. Er ist sprachlos vor Angst. Aber er hält es nicht aus, sprachlos zu sein. Er versucht, seine Sprachlosigkeit mit Sprache zuzudecken. Aber ist das Sprache? – Der Sprechende ist nicht allein. Er beschwört den anderen, das Anderssein seiner selbst, mit Worten, in denen Entferntes und Nahes, Vergangenes und Zukünftiges gegenwärtig ist. Er scheidet sich von seinem Gegenüber und dies von sich, und er vereinigt sich zugleich mit dem Getrennten. Er benennt nicht Dinge, sondern ruft Mächte an und versöhnt die untereinander entzweiten. Sprache ist die friedenstiftende Macht unter den Mächten. Doch sie ist nicht eine neben anderen, an eigenem Ort und von anderer Herkunft als sie, sondern die mächtige Struktur in ihnen allen, an der teilhabend sie dem Nichtsein widerstehen wie er selbst. In den Aktionen, die wir Sprechen nennen, vereinigen wir uns mit dem, wovon wir getrennt sind, kraft dieser Struktur. Sprache gelingt, wo die Vereinigung gelingt, ohne die Struktur zu zerstören. Sprachloses Einssein und sprachloses Getrenntsein sind die zerstörerischen Pole, zwischen denen sich unser Sprechen bewegt. – Das ist eine ganz unzureichende Analyse und auch keine Theorie der Sprache. Aber sie kann uns aufmerksam machen auf Zustände der Sprachlosigkeit. Müssen wir diese hinnehmen, wie sie sind, oder können wir auch sie übersetzen? Doch das gelingt nur, wenn sie Sprache sind: vielleicht verzerrte Sprache, die den Verzerrungen durch Sprache zu entgehen sucht, vielleicht verzerrte Sprache, die gegen die Verzerrungen durch Sprache protestiert. Wenn es nicht gelingt, Sprachlosigkeit in Sprache zu übersetzen, werden die Zustände sich weiter verbreiten, in denen nicht mehr geredet wird. Menschen, die in solchen Zuständen leben, werden sich glücklich preisen, wortlos zu sein. Ihre Wortlosigkeit kennt kein Erschrecken, weil sie keine Struktur mehr kennt, denn auch das Erschrecken hat teil an der Struktur der Sprache. Zustände wie diese auszumalen, scheint müßig zu sein. Und doch sehen wir, daß sie vielen Menschen als die einzige Rettung erscheinen, den Verstrickungen durch Sprache zu entgehen. Aber sucht, wer diese Rettung sucht, noch Sprache? – Wir fragen nach Sprache nicht als nach einer dunklen oder klaren »Sage des Seins«, die uns erlösen wird von der Not eigenen Sprechenmüssens. Wir fragen nach Sprache als dem Protest gegen das Nichtsein, das Sprachlosigkeit selber ist. Die Schwierigkeit nein zu sagen, anfangs ein kleines Problem im Innern der Sprache, erscheint jetzt als das Problem der Sprache im Zustand der Sprachlosigkeit. Sie ist eines, das jeder teilt, der vor den falschen Worten und den peinlichen Redewendungen erschrickt, in seinem Mund und dem der anderen. Sie ist das Problem einer sprachlosen Generation, die ein zynischer Betrachter skeptisch nennt gegen eine skeptische Sprache. Sie ist das Problem der Künste, die in jedem ihrer Werke neu die Sprache finden müssen, und der Wissenschaften, die sich untereinander nicht mehr verständigen können durch Sprache. Manier und Jargon sind beide der Versuch, Sprache zu haben im Zustand der Sprachlosigkeit. Auch sie sagen nein, aber sie haben das Übersetzen preisgegeben, das Sprechen heißt, und der sich selbst verstümmelnde Protest findet nicht mehr zurück in Sprache. – Neinsagen ist schwierig, denn es ist der Protest gegen Sprachlosigkeit, der die Sprache der Protestierenden selbst bedroht, und die Angst, sprachlos zu sein, auch wenn der Sich-Ängstigende sich in dieses Nichts flüchtet, ist eine der großen Ängste dieser Zeit.

III

Wer belehrt den Sich-Ängstigenden über die Angst? Wir kennen den Menschen, der keiner Belehrung zugänglich ist. Selbst nicht protestierend ist er auch nicht erreichbar durch Proteste. Er kann unbeweglich sein oder in heftiger Bewegung. Aber hat er ein Ziel? – Der Rückgang ins Animalische bewahrt nicht vor dem Zerrissenwerden und der Rückgang ins Vegetative nicht vor dem Entwurzeltwerden. Der Rückgang ins Anorganische soll vor beidem bewahren. Der geschleuderte Stein kann töten, ohne selbst zu zerspringen. Wasser fließt um jedes Hindernis herum. Die eingesogene Luft muß wieder entweichen. Doch der Verzicht auf Ziele bietet selbst kein Ziel. Er ist vielleicht eine Möglichkeit zu überwintern, doch nicht zu leben. – Die Bewegungen, die wir beschrieben haben: Flucht vor der Drohung des Identitätsverlustes in Identitätslosigkeit und Flucht vor der Drohung des Nichtsprechenkönnens in Sprachlosigkeit, haben die gleiche Struktur. Beide flüchten sie in das, wovor sie fliehen. Das Ziel der Bewegung, in beiden Fällen, ist Selbstzerstörung. Aber kann Selbstzerstörung ein Ziel sein? – Der schwache Trost, daß man sein Schicksal auf sich nehmen muß, um es zu tragen, verstummt vor diesem Ziel. Die simple Erklärung, daß der Sich-selbst-Zerstörende gebannt in sein Unheil rennt, macht die Attraktion des Unheils nicht verständlich. Die Diagnose des traurigen Einzelfalls entlastet den Arzt nicht von der Frage nach der Ähnlichkeit des traurigen Einzelfalls mit dem unverdächtigen Verhalten der Allgemeinheit. Doch wie kommen wir an sie heran? – Selbstzerstörung, die aufdringlich vor Augen steht in Selbstmord, Wahnsinnstaten oder dem mit Lust verpfuschten Leben, ist erschreckend genug. Doch die verstockten Triumphe, die das autonome Ich noch in der eigenen Zerstörung feiert, sind harmlos im Vergleich zu den zahllosen unerkannten Aktionen des Selbstverrats. Jeder Versuch, sie zu beschreiben, gerät in die gefährliche Nachbarschaft einer Kritik, die »Kissen unter die Arme« und »Pfühle unter den Häup-

tern« (Hes. 13, 18) als Symptome der Verweichlichung
und des Verfalls beklagt und als eine Ausflucht vor dem
Ernst des Lebens. Doch ein sich betäubender Konsum und
eine sich betäubende Askese haben das gleiche Ziel. Das
Sich-Vollstopfen dort und das Sich-Entleeren hier, im
handgreiflichen Sinne und im sublimen, sind beides nur
Versuche des enttäuschten Selbst, sich vor Enttäuschung
zu bewahren, und auf dem Weg der Selbstverstümmelung,
den sie beide beschreiten, werden sie von den Protesten
nur bestärkt, die das Mißlingen des Versuchs einem mangelnden Rigorismus der Ausführung zur Last legen. – Die
Schwierigkeit nein zu sagen, anfangs eine kleine Schwierigkeit im Umgang mit andern, ist jetzt das Problem des
Widerstandes in den Bewegungen der Selbstzerstörung.
Wer ihnen Widerstand entgegensetzen will, muß erkennen,
daß Täter und Opfer identisch sind. Doch schon der Begriff des Widerstands ist doppeldeutig. Das imperialistische
Selbst suchte den Widerstand, der sich ihm entgegenstellte,
als Realitätsbeweis seiner selbst und der anderen. Das vor
Verfolgung zitternde Selbst sucht nach einem Widerstand,
den es der Verfolgung entgegensetzen kann. Widerstand
in den Bewegungen der Selbstzerstörung muß beides sein.
Nur wem es gelingt, in der zerstörerischen Bewegung
selbst den Widerstand zu finden, den er der Zerstörung
entgegensetzt, wird sich in dem Sog behaupten können,
der auch die ohnmächtigen Proteste gegen einzelne Aktionen der Zerstörung erfaßt. Seine Schwierigkeit ist nicht,
die richtigen Bundesgenossen zu finden an Stelle der falschen (diese, obschon fast unlösbar, war noch gering),
sondern jetzt: die richtigen zu finden in den falschen. Wo
das nicht gelingt, ist Selbstverrat, zugleich mit dem Verrat
der anderen, die Folge. – Neinsagen ist schwierig, denn
es ist ein Protest gegen Selbstzerstörung, der den Prote-

stierenden selbst mit Zerstörung bedroht, und Angst der Selbstzerstörung – auch dann, wenn der sich Ängstigende sich durch die eigene Zerstörung von der Angst zu befreien sucht – ist die große Angst dieser Zeit.

Exkurs über Odysseus und Herrn K.

I

Die List des Odysseus in der Höhle des Polyphem hat
kurze Beine. Er ist nicht behaftbar, solange er unter dem
Leib des Widders hängt. Er ist nicht einmal denunzierbar,
denn: »niemand würgt mich, ihr Freund', arglistig! Und
niemand gewaltsam«[1]. Aber er kann es nicht ertragen,
niemand zu sein. Das geblendete Ungeheuer soll seinen
Ruhm verkünden[2], und wenig hätte gefehlt, so hätte das
Individuum, das durch die Nennung seines Namens sich
selbst verrät, sein Unvermögen, in Namenlosigkeit zu-
rückzufallen, mit dem Tod bezahlt. Andere Heroen haben
die Menschen das Töten und Sterben gelehrt. Odysseus
lehrt sie, der Todesdrohung widerstehen und mit sich
identisch sein. Vielleicht, wie Identität eine Bewahrung
des Lebens vor dem Tode, war seine Irrfahrt eine durch
das Totenreich[3]. – Odysseus ist der Heros des Überlebens.
Er hat die Ungeheuer nicht erschlagen, er hat ihren Bann
nicht gebrochen, er ist nur durchgeschlüpft und ihnen
allen entkommen[4]. Er verfällt keinem der Räume, deren
jeder ihn auszulöschen und zu verschlingen droht. Die
zauberischen Inseln, die ihm ein Glück durch Vergessen
versprechen, halten ihn nicht. Zeit, die nicht stillsteht,
rettet ihn vor den Ungeheuern: als der immer nur Ab-
fahrende (Vorläufer des Reisenden, den es nirgends hält)
ist er der Bleibende, der seine Identität bewahrt. Doch er
muß sie beweisen. Die Stellen, an denen ihm das gelingt –
als Schiffbrüchigem, als Bettler, als Heimkehrer im eigenen
Haus – sind die Höhepunkte der Erzählung. Wie gelingt
der Beweis? Erinnerung ist das Band, das die Stationen
der Reise zusammenhält. Erinnerung bewahrt ihn vor dem
Sich-Vergessen wie vor dem Vergessenwerden. Erst wo
Erinnerung ihn übermannt, wird er erkennbar. – Die

49

Identität des Odysseus ist die des erinnerten Leidens, aber sie geht in Erinnerung und Leiden nicht auf. Seine Bestimmung ist es, heimzukehren. Er hat ein Ziel: nicht eines, mit dem ein neues Sein beginnt, so wie einst sein Nachfolger und Gegenspieler Aeneas[5], sondern eins, das die Rückkehr des alten ist. Der Heimkehrende stellt die alte Ordnung wieder her. Dem von der Göttin Verjüngten, an der Seite einer alterslosen Frau, wird die Irrfahrt nun zur Episode, so wie dem Irrenden jede ihrer Stationen zuvor. Zeit, die nicht stillzustehen schien, ist in sich zurückgekehrt und steht still. Erwartung selbst ist zu Erinnerung geworden. Die Identität des Odysseus ist wie nie gefährdet. So bedroht sie auch schien, er konnte die bedrohte nicht verlieren: sie war über ihn verhängt. Orakel haben ihn gewarnt, Orakel haben ihm beides verkündet: Leiden und Heimkehr. So wie das Orakel die schon erinnerte Zukunft, nicht eine vergegenwärtigte ist, ist er der Verschlagene, noch ehe er verschlagen wird[6]. Er lernt nicht und er vergißt nicht. – Bezeichnend sind zwei spätere Geschichten: eine, die den Beginn seiner Irrfahrt, eine, die seinen Tod erzählt[7]. – Der Verschlagene, der sich dem Zug nach Troja entziehen will, kann sich dem Verschlagenwerden nicht entziehen. Seine List – sonst so starr wie der Opferbetrug des Prometheus[8] – hat zwei Grenzen: er darf weder seinen Namen opfern noch seinen Sohn. Wahnsinn simulierend, die dunkle Höhle unter dem identischen Selbst, wollte er einmal schon »niemand« sein so wie später in der Höhle des Kyklopen. Aber die List mißlingt. Sorge um seinen Sohn verrät ihn. Wie dort den Ruhm – die wahre Unsterblichkeit der über die kreisende Zeit sich erhebenden Identität –, so darf er hier den unmündigen Sohn nicht verlieren: den Träger der natürlichen Identität im Kreislauf der Zeit[9]. Beides wäre nicht mehr die Hingabe des Teils für das Ganze (wie jedes Opfer eine Abschlagszahlung, so jede List ein Loskauf vom Tod), sondern die des Ganzen selbst: der Tod. – Denkwürdig ist auch sein Ende: Telegonos, Sohn des Odysseus und der Kirke, tötet den von ihm Gesuchten, aber nicht Erkannten, mit dem Rochenstachel[10]. Es scheint ein angemessenes Ende zu sein. Dem Leidenden konnte es nicht gelingen, »niemand« zu sein. Der seine Identität bewahrt hat, stirbt an einer mißlingenden Identifizierung. Hat er am Ende seine Identität doch verloren? – Es sind beides Geschichten, in denen ein Sohn dem Vater zum Verderben wird: Telemachos dem, der bleiben will, Telegonos dem, der lange heimgekehrt ist. Aber beide Söhne treten in einer sehr altertümlichen Weise an die Stelle des Vaters und identifizieren sich so mit ihm: Telemachos als Gatte der Kirke, Telegonos als der der Penelope. So wie die Irrfahrt zur Episode geworden war, wird nun der Tod des Odysseus zu einem natürlichen Überleben[11]. – Unsere Erzählungen haben uns verschiedene Arten des Überlebens der von Zerstörung und Selbstzerstörung bedrohten Identität gelehrt. Neben die List des Mannes, der sich unkenntlich macht, treten zwei andere, die ihm Unsterblichkeit geben: die natürliche des Überlebens im Kind und die der Natur entrinnende des Überlebens im Ruhm[12], der Erinnerung an den Nicht-Niemand; das eine die Antwort, die der Mysterienkult; das andere die, die das Epos erteilt.

II

Herr K., die Odysseusgestalt Brechts, führt den »Niemand« als Namen. »K« ist »Keuner«[13]. Es ist ein redender Name: einer, der Indifferenz zur Methode des Überlebens erklärt. Aber Herr K. ist durchaus nicht indifferent. Er rügt die Methode des Sokrates als indifferent (hätte er etwas studiert, dann hätte er etwas gewußt), er ist für Gerechtigkeit (seine Behausung muß mehrere Ausgänge haben) und rühmt den Elefanten: dieser vereint List mit Stärke, kann traurig und zornig sein, ist nicht eßbar und kann gut arbeiten. Er ist unauffällig grau und fällt nur durch seine Masse auf. Er stirbt im Dickicht. – Die Schilderung des Lieblingstiers ist die der Keuner-Imago. Herr Keuner ist nicht Niemand. Was bedeutet es, daß er diesen Namen führt? Eine kleine Geschichte verdeutlicht seine Schwierigkeiten. – »Ein Mann, der Herrn K. lange nicht gesehen hatte, begrüßte ihn mit den Worten: ›Sie haben sich gar nicht verändert.‹ ›Oh!‹ sagte Herr K. und erbleichte.« – Herrn K's Oh ist das Oh des Ertappten: der Ertappte erbleicht. Warum fühlt Herr K. sich ertappt? – Die idealistische Version: er sei stehengeblieben, nicht weitergewachsen, nicht »gereift«, verfängt nicht. Dann würde Herr K. erröten und sich schämen. Aber auch die realistische Deutung verfängt nicht: er sei ertappt als der, der er ist: Mann ohne Eigenschaften, ein »Keuner«. Dann würde er nicht erbleichen und nicht erröten, er wäre fröhlich und einverständig, er wäre nicht im Widerspruch mit sich. – Erbleichen kann er nur als nicht-einverständig mit seiner Rolle. Er ist ertappt als Nicht-Keiner. Er trägt seine Identität als eine Last mit sich herum und kann sie nicht loswerden: sie hat ihn verraten. Also ist es nur eine neue Version der Schwierigkeit des Odysseus in der Höhle des Polyphem? – Odysseus ängstigt sich vor dem Niemand-Sein. Er schlüpft nicht bloß in eine Rolle hinein. Ohne seinen Namen wäre er niemand. Das ist seine Angst. – Herr K. hat seinen Namen preisgegeben. Es wird nicht berichtet, ob er noch einen Geheimnamen trägt so wie die

Unterirdischen im Märchen. Er ist die Umkehrung des Rumpelstilzchen. »Ach wie gut, daß jeder meinen Keuner-Namen weiß« könnte er sagen. Was heißt das? – Seinen Namen preisgeben ist Selbstpreisgabe. Der Name ordnet nicht ein, sondern zaubert herbei und hält fest. Der redende Name ist schon ein Ausweichen vor dem Namen: er erkennt und läßt das Erkannte durch sich hindurchschlüpfen. Namen sind, was Kant den begrifflosen Anschauungen nicht zugestehen durfte: blind und doch treffend. Der redende Name als Eigenname ist schon der Versuch, durchzuschlüpfen. Auf eben diesem Versuch ist Herr K. ertappt: er hat den Keuner-Namen und ist doch nicht niemand. Wovor Odysseus sich fürchtete, kann ihm nicht gelingen. – Dabei ist Herr K. nicht irgendwer. Er hält Vorträge. Er ist nützlich (auch der Elefant ist nützlich: er tut etwas für die Kunst, er produziert Elfenbein); er kann sogar protestieren. Einmal spricht er sich in öffentlicher Rede gegen die Gewalt aus[14]. Da sieht er, wie die Leute zurückweichen, dreht sich um und sieht hinter sich stehen: die Gewalt. Und antwortet auf ihre Frage: Ich sprach mich für die Gewalt aus. Seine Schüler fragen ihn, warum er kein Rückgrat habe. Und Herr K. erzählt ihnen eine Geschichte von Herrn Egge (Ecke mit weichem »g«, an dem sich niemand stoßen kann). Zu Herrn Egge kam zur Zeit der Illegalität ein Agent als Einquartierung und fragte ihn: Willst du mir dienen? Herr Egge dient ihm sieben Jahre ohne ein Wort, bis der Agent dick geworden ist vom vielen Schlafen, Essen und Befehlen und stirbt. Da schleift er ihn aus dem Haus, macht die Wohnung rein und sagt aufatmend »nein«. Herr Keuner erläutert: Gerade ich darf kein Rückgrat haben. Ich muß länger leben als die Gewalt. – Fragen drängen sich auf: hätte Herr Egge den Agenten bekehren können? Herr Egge nicht. War es Zufall, daß er am Leben blieb? Es war Zufall. War der stumme Protest wenigstens wirksam? Hat ihn jemand als Protest verstanden? Herr Keuner ja. Wogegen wehren sich diese beiden, Herr Egge und Herr Keuner? – Sie wehren sich, selbst wenn sie Vorträge halten (z. B. gegen die Gewalt), nicht gegen die Gewalt, sondern gegen das Sich-Verstricken durch Sprache. Odysseus, ohne den Ruhm des Überlebens im Gesang, wäre: niemand. Herr Keuner ohne das Hinabsteigen in Namenlosigkeit, Herr Egge ohne das ihn rettende Verstummen, wäre nun erst: niemand. Er wäre jetzt erst wirklich auf dem Niemandsnamen ertappt. Also ist es nur eine Flucht vor dem Niemandsein in das Niemandsein? – Brecht, der die Unkenntlichkeit ein Leben lang empfohlen hat (ich sage dir: verwisch die Spuren)[15], der das Dickicht, in dem der Elefant stirbt, als eines der Städte beschrieben hat, in denen wir leben, hat die bedrohte Identität in das Zentrum seiner Werke gestellt. Die Identität seiner Figuren ist so »beschädigt« wie die Identität ihrer Welt. – Die des Packers Galy Gay ist es so wenig, daß sie mühelos ummontiert werden kann[16]: nur wer seine Identität verbirgt, kann sie behalten. Die der gestürzten Monteure im Badener Lehrstück vom Einverständnis muß geopfert werden[17]: erst die geopferte kann der Gesellschaft von Nutzen sein. Die der Shen-Te, des guten und schlechten Menschen von Sezuan, ist nicht mehr als die Realität der Spaltung[18]. Die leidlose des Herrn Schmitt in der erschreckenden, Beckett und Ionesco vorwegnehmenden Clownsscene ist die der restlosen Demontage[19]. Sie ist ein neuer Name für Glück, denn: alles zugleich kann man nicht haben. Die des Galilei ist seinen Schülern so fraglich wie die des Herrn K. den seinen. Wir brechen die Aufzählung ab. Was tun die Figuren? – Galy Gay protestiert nicht und bleibt nicht Galy Gay. Die Monteure lernen und erschrecken (es fällt ihnen nicht weniger leicht als dem jungen Genossen in der »Maßnahme«, der sich nicht aufgeben will[20]). Sie stellen sich um den »Flieger« herum, der seine Identität nicht verlieren wollte und erkennen muß, daß er keine besaß außer der ihm von den anderen zuerkannten, und stimmen das »Völlig unkenntlich« an. Shen-Te ringt vor Schmerz die Hände: Hilflosigkeit ist ihr Protest. Herr Schmitt, der den Schmerz nicht ertragen konnte und süchtig war nach Glück, wird ausgelöscht. – Lediglich die Männer von Mahagonny sagen ein unzweideutiges Nein[21]; allerdings eines gegen den Marsch in die Hölle. Dort sind sie schon, dahin kann niemand sie mehr schicken. Doch Galilei und Herr K.? Sie haben Aufgaben. Haben sie ein Nein? – Brecht schwankt. Er weiß: nur »in der kleinsten Größe« überwindet »der Denkende« den Sturm[22]. Erkennen für eine bessere Welt ist eine schöne Aufgabe. Doch Überwintern (Herr K. nannte es noch Überleben) ist häufig die einzige, ungemein anstrengende, die bleibt. Die Erneuerung des Lebens aus Chaos und Schlamm (die frühen Wasserleichen Brechts schwimmen noch ein in die Gnade)[23] ist keine Chance der Gesellschaft mehr. Die Gewaltlosigkeit des Lao-Tse, nachgebildet in dem weichen »g« des Herrn Egge, bringt nur die faulen Agenten um. Der Ersatz für Bleiben und Kenntlich-Sein: Springen und Sich-Unkenntlich-Machen, ist auf die Reserven angewiesen, die der Springende hat: der »Gummimensch« in der »Ballade auf vielen Schiffen«[24] steigt noch grinsend von einem aufs andere um (Becketts Niemande ziehen sich mit Krücken am Boden entlang oder liegen mit Unrat im Bauch eines Schiffes, das auf dem Trockenen sitzt)[25]. Der Flüchtling, der »wie Schuhe die Länder wechselt«[26], hat seine Kraft nicht mehr. Und Herr Schmitt, der von den

Einsern und Zweiern demontierte Mann, muß vorher noch alles miterleben: ihm wird als letztes Stück der Kopf abgeschraubt. – Die frühen, heroischen Niemandsgestalten, die Protos und Lafcadio Gides[27], genossen das Nichtbehaftbarsein noch als ein Schweben. Sie stellten sich als die Subtilen den Krustentieren, den in ihrer Identität verstockten Bürgern, entgegen (so wie heute die hipsters den cubes und squares) und wetteiferten untereinander, sich in ihrem Schweben zu übertreffen. Die heutigen Niemandsgestalten wollen ein Hohlraum sein: wirklich ein Nichts. Aber, wie die Gestalten Robbe-Grillets zeigen: der Hohlraum gerade, das Negativ, ist behaftbar. – Herr K. hat die Schwierigkeiten des Niemand nicht gelöst. Er hat sie erläutert und dadurch sich als Identität kenntlich gemacht. Es ist sehr fraglich, ob er schon der »Denkende« war, der »in seiner kleinsten Größe« den Sturm übersteht.

II
Die Schwierigkeit nein zu sagen
als das Problem der Identität
unter der Drohung des Identitätsverlustes

I

1. – Noch ist nichts definiert. Was heißt Neinsagen, Nicht-sein, Schwierigkeit? Wir können fragen. Aber können wir definieren? Die klassische Definition der Definition setzt eine genealogisch geordnete Welt voraus. Sie läßt erstarren, denn sie führt das Neue auf das Alte zurück, ordnet das Hervorgebrachte dem Hervorbringenden unter, erhält die Macht der Ursprünge durch Ketten der »Geschlechter« hindurch. Sie werden auseinandergelegt, entfaltet, aber bleiben dieselben. Doch kein Wort, ausgesprochen, bleibt dasselbe auch nur im Zusammenhang des Satzes, in den es tritt. Eine Definition der Form »A ist B« setzt die Nicht-Identität von A sowohl wie B voraus. Definierend habe ich die Grenze zweier Begriffe durchstoßen, im gleichen Atemzug, in dem ich sie durch das Aussprechen zu befestigen schien. Also heißt definieren: Grenzen durchstoßen und neue setzen? Identitäten auf dem Wege über Nicht-Identität in einer neuen Identität vereinigen? Widerruft dann nicht jede Definition den klassischen Sinn von Definition? – Aber steckt die gleiche Fragwürdigkeit, die in der Definition zum Ausdruck kommt, nicht schon im Begriff der Identität? A ist A: die Identität formulierend komme ich nicht um das Urteil herum. Es ist nur scheinbar leer. Urteilskraft – die Kraft, das Widerstrebende zu vereinigen – ist auch in diesem Urteil am Werk. Doch was ist das Widerstrebende dieses Urteils? Warum muß sich A spalten, sobald ich seine Selbigkeit aussagen will? Oder ist A gespalten schon vor dem Aussprechen des Satzes »A ist A«? Oder besagt »A ist A« nur: nein; A ist nicht gespalten? – Wer Fragen wie diese als sinnlos zurückweist, weist eine Welt zurück, in der Urteile sinnvoll sind. Aber er weist sie in einem Satz

zurück, der ein Urteil ist. Das Urteil »A ist A« spricht Gespaltenheit aus und protestiert gegen Gespaltenheit. Der Zurückweisende schirmt sich ab gegen Gespaltenheit. Er schirmt sich ab gegen eine Welt, die er nicht wahrhaben will, die er doch aussprechen muß, gegen deren Gespaltenheit der Satz der Identität protestiert[1]. »A ist dennoch A«: das ist der Sinn des Satzes. – Er hat ein konservatives Moment und ein Moment der in die Zukunft gehenden Utopie: »A ist geblieben, was es immer schon war, nämlich A« und »A ist endlich bei sich angekommen, nun ist es A«. Aber der Satz der Identität geht noch einen Schritt weiter: er schreibt diese beiden Momente jedes einer seiner beiden Seiten zu und vereinigt auch sie. Neben die »ursprungsmythische«[2] und die »prophetische« tritt eine »christologische« Interpretation des Satzes: er formuliert das Sein, das sich trotz seiner »Definition«, gerade in seiner »Definition«, seiner endlichen Begrenzung (A ist A und nicht B), gegen das Nichtsein behauptet. Das bedrohte A ist zugleich das der Bedrohung widerstehende A, in ihm ist anschaubar die Macht des Widerstehens. Wer A sagt, muß auch B sagen, aber das B des A-Sagenden ist ein neues A. Sein, das nicht das alte bleibt, sondern sich erneuert, indem es sich gegen das Nichtsein behauptet, ist gegenwärtig noch in der scheinbar starren Formel »A ist A«. Es ist auch gegenwärtig in der starren Interpretation der Formel, der frühen philosophischen, jenseits von Vergangenheit, Gegenwart und Zukunft. Das Wort des Parmenides: Nichtsein ist nicht, es ist nämlich Sein, protestiert gegen das Nichtsein im Namen des lebendigen Seins, das es leugnet. Doch wo ist es anschaubar? In der polis? Und wenn auch die polis verloren ist, wo dann? – Der Satz der Identität, weit entfernt, eine Definition des Begriffs der Identität zu sein (er hat weder spezifische Differenz noch genus), macht vielmehr die Schwierigkeit klar, sich »ist«-sagend gegen das Nichtsein zu behaupten. Der »ist«-Sagende hat zum Nichtsein »nein« gesagt. Die Schwierigkeit, »ist« zu sagen, ist die Schwierigkeit, »nein« zu sagen, und die Schwierigkeit »nein« zu sagen die Schwierigkeit, nein zu sagen zum Nichtsein. – Diese Formel, abstrakt wie alle Formeln, besagt nicht viel. Sie leuchtet ein, wie Formeln einleuchten, abstrakt, schematisch. Wer sie öfter wiederholt, kommt in Gefahr, sie wie eine Gebetsmühle abzuleiern. Aber ihn schützt der Satz, der selbst nur eine tautologische Formel zu sein schien, der Satz der Identität. In einer Zeit, in der Brecht dem »Städtebewohner« den Rat erteilt, die Spuren zu verwischen, in der Herr »Keuner«, der sich nicht verändert hat, »Oh!« sagt und erbleicht[3], genügt es nicht mehr, ihn als eine logische Kategorie zu nehmen, die etwas »Einfaches« aussagt: Unerschütterlichkeit der Substanz; die selige Indifferenz des Seins[4]; ein »Ereignis«, dem nur der »zu eigen« ist, der es aufgibt, nein zu sagen. Der Satz der Identität ist der Satz der von Zerstörung und Selbstzerstörung bedrohten Identität. Er »behauptet« die Schwierigkeit, »nein« zu sagen zum Nichtsein.

2. – Also ist der Satz der Identität nur eine »Behauptung«? – Im Vorübergehen wird klar, daß, wer so spricht, eine Sicherheit fordert, die ihn der Mühe des Behauptens enthebt. Es soll eine Sicherheit sein ohne »Behauptung«; Sein, das nicht vom Nichtsein angefochten ist: eines jenseits des angefochtenen, zweideutigen, bedrohten. Aber zugleich wird klar, daß der Vorwurf »nur eine Behauptung« vieldeutig ist, angetrieben von Motiven, die einander ständig durchkreuzen. Wir zählen einige auf. – Das logische Gesetz soll eindeutig sein, es soll über den Parteien

stehen. Aber das kann es nur, wenn es entweder die Streitenden unterdrückt oder sie in ihrem Streit toleriert. Im ersten Fall versucht es, dem Zweideutigen Eindeutigkeit aufzuzwingen. Es rächt sich an dem, das eindeutig zu machen ihm nicht gelingt, durch ein zerstörerisches Nichtbeachten. Im zweiten Fall will es nur Maßstab sein, das gewaltlose Jenseits alles Zweideutigen. Es lädt uns ein, Ohnmacht und Verbindlichkeit gleichzusetzen; ein Weg, der den Anspruch der streitenden Mächte auf Verbindlichkeit als unglaubwürdig zurückweisen muß. Aber auch wenn es das beides nicht tut, auch wenn es ein Modell der Erfüllung eben jener Ansprüche ist, weder Diktat noch Gegenwelt, sondern ein unter den Streitenden aufgerichtetes Bild vom Frieden, stellt es sich selbst als unerfüllt den Behauptungen der Streitenden gegenüber. – Reichen diese drei Fälle aus, um auch nur einen Begriff von »Behauptung« zu erklären, wie sie der Satz der Identität auf verschiedene Weise auszudrücken schien? Was ist, auf dem Hintergrund dieser Modellvorstellungen vom Funktionieren eines logischen Gesetzes, »Behauptung«? – Im ersten Fall wird Behauptung, zumal Selbstbehauptung, die doch der Stachel in jeder Behauptung ist, als Subjektivität bekämpft, die sich nicht fügen will, oder als unerhebliche Nuance toleriert, wie die Partikel im Satz oder der Tonfall des Satzes oder die Wahl des schöneren Wortes. Aber auch die Nuance stimmt zur Vorsicht: sie nährt insgeheim schon den Verdacht der Aufsässigkeit. – Von diesem Verdacht wird die Behauptung im zweiten Fall freigesprochen. Sie ist nicht aufsässig. Ihr Los ist es vielmehr, verworren zu sein, so wie alles Leben in seiner Teilhabe an der existentiellen Verworrenheit dieser Welt. Die Formel »nur eine Behauptung« drückt den immerwährenden Zwiespalt zwischen zwei Welten aus, denen beiden anzugehören das Privileg dessen ist, den sie zwischen sich zerreißen. – Im dritten Fall drückt die Behauptung ein Verlangen, mehr noch: einen Anspruch aus. Aber dieser wird nicht erfüllt. Es ist auch nicht abzusehen, wie oder wann er erfüllt werden könnte. »Nur eine Behauptung« besagt: das ist noch nicht genug. – Wir erklärten anfangs, daß sich die Motive, »Behauptung« zu einer logischen Kategorie minderen Ranges zu stempeln, ständig durchkreuzen. Aber wir müssen hinzufügen: sie könnten das nicht, wenn nicht in den Behauptungen, als die sie selbst sich formulieren lassen, ein Moment von »Behauptung« steckte, das sich der Abstempelung entzieht. Wir sind der Ansicht, daß es sich um eben jenes Moment von »Behauptung« handelt, das wir in der Erörterung des Satzes von der Identität auf verschiedene Weise zu interpretieren versuchten. Der Satz der Identität formuliert die Macht des Sich-Behauptens. Er spricht sie aus in der Form der Identifikation.

3. – Wo finden wir Modelle einer standhaltenden Identifikation? Alle Religionen entwerfen solche Modelle. Ihre Offenbarungen sind Offenbarungen des Standhaltens, der Leben erhaltenden und Leben erzeugenden Identifikation. Die Erörterung des Satzes der Identität ließ drei erkennen. Einmal das Beharren am »alten« A: den Zwangscharakter einer Identifizierung mit den Mächten des Ursprungs, die zu verlassen Identitätslosigkeit bedeutet. Die klassische »Definition« macht von diesem Modell Gebrauch. Die Geschlechterkette darf nicht zerrissen werden, der Agierende »schlüpft« in das Modell einer Heroenhandlung hinein, die Träger der Ahnenmasken »sind« die Ahnen, und jedes Kind im Stamm »ist« die Wiedergeburt eines Verstorbenen. – Ein zweites Modell: erst im »neuen« A

wird das »alte« zu sich kommen, das alte war noch nicht
es selbst, es war zerrissen und der Erlösung bedürftig. Die
Erwartung eines Neuen Himmels und einer Neuen Erde
bricht den Zwang der alten Himmels- und Erdgottheiten.
Aber sie schwankt zwischen umstürzender Veränderung
und abwartender Hinnahme des Bestehenden. Schon die
ontologische Formulierung wird Mißtrauen wecken: kein
Wort bezeichnet die Struktur des Seins, ehe die Revolution
geglückt, das Himmelreich herbeigekommen, der Mensch
Mensch ist. – Und ein drittes Modell: die Vereinigung
beider »Seiten« in jedem A. Wenn das alte erst im neuen
zu sich kommt, dann nur, weil schon das neue im alten,
dann aber in jedem alten, dann überhaupt in jedem gegenwärtig ist. Gnade ist nicht nur im Ursprung und nicht nur
am Ziel, weder Herkunft noch Zweck heiligen die Mittel,
sondern (die schöne Formel variierend, die Camus einmal
gefunden hat[5]) erst die Mittel heiligen Ursprung und
Zweck. Ohne »Ontologie« wäre »Revolution« nicht durch-
führbar und jede Veränderung das blinde Zurückfallen ans
»Alte«. Die Formel A ist A verkörpert den Konflikt und
seine Lösung, um die gekämpft wird und die fragmentarisch gegenwärtig ist in jedem A. – Neben diesen drei
Modellen steht ein viertes Modell, das von den Zwängen
des ersten, den enttäuschenden Erwartungen des zweiten
und der Anstrengung des dritten zugleich befreien soll:
das der Indifferenz. Es kann sich in jede Formel verkleiden
und gibt jeder Recht, denn es ist das Zerrbild der Gerechtigkeit: niemand darf sich an A vergreifen, A ist, was es
eben ist, nämlich A. Es ist die Formel, sich mit allem und
jedem zu identifizieren oder mit nichts. Wir erschrecken,
sobald wir die Verwandtschaft bemerken: die Formel
»Alles oder Nichts« hebt den Unterschied von Entschei-
dungslosigkeit und Sich-Entscheiden auf, den gefährlichen

64

Doppelsinn des »Oder«. Sie verbindet eine bestimmte Form des existentialistischen Protestes mit einem bestimmten Grad der meditierenden Versenkung und einem bestimmten Maß positivistischer Sammelwut[6]. Sie bezeichnet, in allen dreien zugleich, ein Ausweichen vor der Anstrengung und den Gefahren der Identifikation, das nicht weniger anstrengend ist als diese. – Wir können diesen Modellen, vereinfachend, Namen geben, z. B. den einer mythologischen, einer prophetischen, einer christologischen, einer buddhistischen Identifikation. Aber wir dürfen dabei nicht vergessen, daß die Leben behauptende Macht der Identifikation in allen diesen Modellen steckt und nicht nur in einem. Die Formel, die wir versuchsweise die christologische nannten, ist auch in allen anderen enthalten. In jeder Offenbarung ist ein Ort des Widerstehens anschaubar. Sie ist eine, wennschon begrenzte, Antwort auf die Frage nach der unbedingten Macht des Widerstehens. – »Positive« Antworten liefern uns unsere Modelle nicht. Sie belehren uns nicht, was Identifikation im Menschenleben bedeutet: ob den Prozeß, in dem Lebendiges sich mit anderem Lebendigen vereinigt, oder die Erstarrung des Lebendigen, die den Prozeß zum Stehen bringt, oder den Ersatz für eine Einheit, die unwiederbringlich verloren ist. – Wir fragen nach einem »lebendigeren« Modell.

II

1. – Die Formel »Ich bin Ich« ist ein Modell des Sich-mit-sich-Identifizierens. Scheinbar ein narzißtisches Modell, führt es auf dem Wege über die Sprache in das Problem der Beziehung von Ich und Du, der Identifikation mit dem

anderen. Es bezeichnet zugleich die Grenzen der Identifizierung. – Der Ich-Sagende identifiziert sich mit sich. Er ist nicht nur jemand, der dasteht, sondern stellt sich dar. Es ist mühevoll, sich darzustellen, nicht nur in Situationen öffentlichen Interesses, sondern in jedem einzelnen Satz. Der Sich-Darstellende setzt sich aus: den anderen, denen antwortend er erst »Ich« sagen kann. Aber alle Begriffe von Partnerschaft, Ich und Du und dem dahinter stehenden Wir, verharmlosen das Verhältnis. – Einmal ist der Ich-Sagende »offen« bis in den Grund des Seins. Die Entdeckung der schöpferischen Subjektivität meint diese Offenheit: niemals ist das Ich-sagende Ich identisch mit dem von ihm benannten[7], und jede Wendung zu dem sagenden hin läßt ein unerschöpflich anderes hinter ihm erscheinen. Aber offenbar erscheint das Ich-sagende nur im Akt des Sagens und ist sichtbar nur in dem gesagten. Wo dieses Verhältnis zerrissen wird, dort ist der Akt des Sagens ausgelöscht und damit die Möglichkeit, sich Ich-sagend zu behaupten. Die Identität von Atman und Brahman ist eine verschlingende Identität. – Andererseits ist der andere nicht nur ein Gegenüber, das mir zu mir verhilft, sondern eine zweideutige Macht, nicht minder dunkel und nicht minder gefährlich als ich. Ich stoße mich ab von ihm und suche ihn zugleich. Niemals kann ich mich seiner ganz bemächtigen, doch auch ich kann ihm nicht ganz verfallen: das zweite Ich der Formel »Ich bin Ich«, die den Akt des Sich-mit-sich-Identifizierens umschreibt, bezeichnet wohl eine Identität, aber eine, die für den anderen ungreifbar bleibt: »Ich« ist ein Name, mit dem kein anderer Mensch einen Menschen anreden kann. Aber zugleich ist es ein Name, mit dem jeder Mensch sich selbst benennt. Es scheint also doch auf eine Äquivalenz hinauszulaufen: wenn jeder Mensch zum anderen Du und zu sich selbst Ich sagen kann, dann sind Du und Ich die sich zum Wir ergänzende Entsprechung. Identität des Ich, die nicht in die verschlingende von Atman und Brahman zurückfallen will, ist erst die im Durchgang durch das Du gelingende von Ich und Du, das Wir[8]. – Das scheint eine Formel für die Identität des Lebendigen zu sein. Doch sie droht nicht nur, Du und Ich zu verschlucken, sie ersetzt auch beide durch ein neues Ich, das sich ein neues Du suchen muß. Die Sprache verführt uns zu einer vorschnellen Lösung. Sie suspendiert nur den Konflikt der Selbstbewußtseine, der unter dem Wir verschwindet. – Die Bewegung der um Anerkennung kämpfenden Selbstbewußtseine, die Hegel beschrieben hat[9], ist ein Ritual gegenseitigen Sichausliefers und Sichbezwingens. Das Ich, das nur im anderen sich finden kann, darf sich in ihm nicht verlieren, also muß es ihn zwingen, also hört er auf, das Du zu sein, in dem das Ich sich finden kann. Dem anderen sich unterwerfend, würde es sich an ihn verlieren; ihn unterwerfend, findet es auch nicht sich selbst. Oder, in der Metaphorik der Sprache: der Ich-Sagende ist vom Du-Sagenden in die Situation gezwungen, selbst nicht Du sagen zu können, sondern Ich sagen zu müssen, und ein Wir ist jedesmal nur die Bestätigung dieses Tatbestands. Es ist die gleiche Situation, die Hegel als eine gegenseitiger Unterwerfung in dem Bild von Herr und Knecht und Sartre in seiner Analyse des vergegenständlichenden Blicks[10] beschreibt. Der Unterschied ist, daß Hegel noch an ein freies »Spiel der Kräfte«[11] glaubte, das seiner Schilderung die zeremoniöse Würde eines Rituals verleiht, während Sartre, selbst wo er eine Zeremonie beschreibt (etwa die Grußzeremonie der Kirchgänger in einer kleinen bürgerlichen Stadt[12]), diese verfremdet, indem er ihr den Charakter der Gegenseitigkeit nimmt. Sartres Analyse des entfremdeten Blicks kennt ein Phänomen des Blickens nicht: das der Enttäuschung des am Auge des anderen zurückprallenden Blicks, das Auge des anderen als den das eigene Bild zurückgebenden Spiegel, denn sie kennt nicht das Ziel einer Vereinigung im Blicken, nur die blickende Entmächtigung des fremden Blicks. – Die Situation, die der Vereinigung im Blicken entspräche, ist die eines gegenseitigen Du-Sagens, das nicht nur von Ich-Sagen, sondern auch von Wir-Sagen gebrochen wird. Aber diese Situation ist gerade nicht mehr eine des gelingenden Sich-mit-sich-Identifizierens (weder des Ich mit sich noch des Ich mit dem anderen), sondern eine, die der Mühe des Sich-Identifizierens enthebt. Momente der geschenkten Identität (sozusagen einer, von der niemand einen Gebrauch machen kann, weil gerade sie nicht darstellbar wäre), lösen nicht das Problem der Identifizierung. Wer sie als die »Gnadenseite« der Identifizierung beschreibt (ohne die auch nicht einen Augenblick ein Mensch leben könnte; darum haben die Götter Augen: sie kontrollieren den Menschen nicht nur, sondern halten ihn mit ihrem Blick), darf diese nicht isolieren. Sartres Analyse des entfremdeten Blicks war ein Protest gegen ihre Isolierung. Doch sie ist auch die Tiefe des entfremdeten Blicks, und ihre Modelle sind nicht die Augenblicke der Verschmelzung, sondern der Balance. Gelingen oder Nichtgelingen der Balance entscheidet auch über den Gebrauch der Formel »Ich bin Ich«, denn das Ich dieser Formel steht nicht nur einem Du gegenüber oder stützt sich auf ein Wir oder verschwindet in ihm, sondern ist selbst das Produkt der Konflikte. Identität ist ein balancierender Begriff.

2. – Daß der Mensch nur durch einen mühsamen Prozeß des Immer-wieder-neu-sich-Identifizierens die Balance

finden kann und daß jede seiner Identifizierungen mißlingen: ihn verstricken oder isolieren, ihn festhalten oder
zerreißen kann, zeigt deutlich schon der erste Versuch des
Menschen, Identität zu gewinnen. Die Zerreißung der
Einheit von Mutter und Kind, ein für allemal vollzogen in
der Geburt, offenbart sich erst in einer Kette von Versagungen, die an die Stelle unmittelbarer Befriedigung
treten. René Spitz, ein Schüler Freuds, hat eindringlich
gezeigt[13], daß der Ursprung des »Selbst« der des gespalte-
nen Selbst ist, das sich wehrt gegen Spaltung, und nicht
der einer fertigen kleinen Persönlichkeit. Die Drohung des
Identitätsverlustes ist die Drohung des Liebesverlustes,
das Problem der Identität eines der Balance von Trennung
und Vereinigung. – Die Identität des »Ich«, erworben in
jahrelangen Konflikten und ein Leben lang bedroht, führt
über ein dreifaches Nein: das zur Mutter, die das Kind
durch früheste Versagungen belehren muß; das zu »sich«
selbst, sofern es mit der versagenden gemeinsame Sache
machen muß, um den Schmerz der Trennung zu ertragen;
das zu der Situation des Zerrissenwerdens zwischen dem
verneinten Selbst und dem verneinenden. Erst im Schmerz
der Trennung tritt das Selbst ins Leben. Es ist der andere
und nicht der andere, es selbst und nicht es selbst, es ist die
Situation der Zerreißung und geht doch nicht auf in ihr. –
Die erste semantische Geste des Kindes ist die der Verneinung. Sie scheint, der Mutter abgesehen, beides zu
sein: Protest gegen den Verneinenden und Identifizierung
mit ihm. So tun kleine Kinder kopfwackelnd das Verbotene. Doch sie ist nicht nur der Mutter abgesehen. Sie
ist zugleich die älteste Suchgeste des Kindes, eine phylo-
genetisch uralte Bewegung: die drehende Kopfbewegung
des Neugeborenen, das die Brustwarze mit dem Mund
erfassen und saugen will. Bedeutsam ist, daß gerade diese

69

Bewegung zum Träger der Verneinung wird; auch umfunktioniert bleibt der Protest ein Suchen. Aber, das war das beunruhigende Ergebnis der Untersuchungen von Spitz: es ist nicht sicher, ob die Umfunktionierung dieser Geste gelingt. Wir können sagen: es ist die früheste Übersetzung, die dem Kind gelingen muß, die des Suchens nach der ungebrochenen Vereinigung in ein gebrochenes Suchen, das beides ist, Protestieren und Suchen. Wo die Übersetzung nicht gelingt, stößt der Beobachter zu seiner Überraschung auf die gleiche Geste, die er als Verneinung mißversteht: das süchtige Kopfschütteln der an Hospitalismus »erkrankten« kleinen Kinder, denen es verwehrt war, eine Balance zwischen Versagung und Befriedigung zu »erlernen«. Ihr Kopfschütteln halluziniert die versagte Befriedigung. Regredierend in eine scheinhaft ungebrochene Wirklichkeit ist auch die nichtverneinende Geste eine Verneinung: die der gebrochenen Wirklichkeit. Doch wir erkennen, warum diese Verneinung ohnmächtig ist: sie berührt die verneinte nicht, nimmt sie nicht auf in sich, macht nicht »gemeinsame Sache« mit ihr. Erst in der zweideutigen Geste erwacht die Macht des Protestierens. Wir können bei einem »normalen« Kind nicht unterscheiden: die gleiche Identifizierung, die das Zerrissenwerden manifestiert, ist der Protest gegen das Zerrissenwerden. Wir können nicht »wissen«, wozu die Identifizierung führen wird: ob zur Identifikation mit jeder Autorität, auch der des Schicksals, das zertritt, weil dies die einzige Chance ist, das Schicksal zu ertragen; ob zur Identifikation mit dem blinden Ich, der tödlichen Vereinigung des Narziß mit sich, die den zerrissenen unberührt erhalten soll von der Zerreißung; oder ob zur Balance: zwischen Suchen und Protestieren, Trennung und Vereinigung, auch der mit dem Anderssein in sich. Das Ich-Selbst, so gesehen, ist niemals es selbst oder nicht es selbst, weder Identität noch Nichtidentität, sondern erst die Herstellung einer Identität von beiden. Neinsagend gegen die Zerreißung zwischen diesen beiden ist sein erstes Nein das erste Wort der Sprache. Doch es richtet sich nicht nur gegen Zerreißung, sondern gegen eine zerrissene Wirklichkeit. Und es sucht in ihr nach den Modellen der Balance. Es braucht das Gegenüber, auf das es sich stützen und: gegen das es sich richten kann.

III

1. – Nein sagen kann ich nur zu meinem Gegenüber. Das war einmal der Ausgangspunkt der Unterscheidung von Angst und Furcht, deren Trennung, nicht nur Unterscheidung, ein Zerreißen der menschlichen Situation des Gegenüber-und-in-zugleich bedeutet. Mein Gegenüber ist nicht bloß »das Sein«, es ist auch nicht »ein Seiendes« neben anderen. Es reicht wie ich bis in die »Tiefe« des Seins, doch wie in mir ist sie in ihm »verschlossen«. Mein Gegenüber ist eine Verkörperung. Es ist (wie ich) ein sich äußerndes Innen. Ich bin (wie es) in zweierlei Gefahr: die Äußerung für Oberfläche zu nehmen, die mich nichts angeht (wenigstens in der Tiefe nicht, in der ich mit ihm kommuniziere, wenigstens nicht als Philosophierenden), oder nur sie (den ersten Gegen-stand, auf den ich stoße, den einzigen, auf den ich zu stoßen meine) als das, was mich betrifft. – Solange ich ein Gegenüber habe, kann ich so verfahren. Ich zerstöre es, aber ich kann so verfahren. Die eine Gefahr, als Verdinglichung allgemein beklagt, ist zugleich eine so perfekte Objektivierung der aus der Zerstörung des Gegenüber aufsteigenden Angst, daß die andere Gefahr, Gestaltlosigkeit, kaum gesehen, ja in Fällen

weit vorgeschrittener Objektivierung geradezu als Therapie verordnet und als Heilsweg angepriesen wird. Immer
schon war der Protest gegen ein erstarren machendes
Gegenüber vergötzter Gestalten in der Gefahr, umzu-
schlagen in die Mißachtung einer gestalteten Welt und in
die Verdächtigung des Welt-Gestaltens als eines ober-
flächlichen, ja verächtlichen Tuns. Wenigstens ein großer,
verhängnisvoller Zug der deutschen Entwicklung läßt
sich so beschreiben: vom Kampf der kirchlichen Orthodoxie gegen die gesellschaftbildenden Sekten und deren
Vertreibung aus dem eigenen Land über eine bis heute
nicht verstummte Verdächtigung der europäischen Auf-
klärungsphilosophie[14] als oberflächlich und flach bis zur
Geschichte der gescheiterten Revolutionen und der sich
selbst zerstörenden Republik. Zynismus hat diese Geschichte begleitet. Doch die lauernde Gelassenheit des
Zynikers endet in jenem Grauen vor einer gestaltlosen
Welt, das er in der Isolierung des Angstbegriffs angstvoll
vorwegnehmend beschrieben hat. Scheinbar gleichmütig
sich dem jeweils Bestehenden unterwerfend, quittiert er
dessen Sturz mit Schadenfreude und Hohn. Aber unglück-
lich, weil unbefriedigt, steht auch er in einer Welt, in der
ein Gegenüber nach dem anderen entgleitet. – Seine Situation ist unsere Situation. Wie sollen wir die Realität einer
Welt beschreiben, die sich nicht greifen läßt[15]? Ein junger
Soziologe hat diese Situation einmal als »Dschungel«-
situation beschrieben[16]. Ein älterer hat sie als auf dem
Wege zu einer »zeitlosen Stabilisierung« gerühmt, in der
es schon jetzt keine »Kluft« mehr gibt, die einer ideologi-
schen »Überbrückung« bedarf[17]. – So viel ist wahr: Protest bedarf der Verkörperung. Der Hilflose protestiert
nicht außer durch Hilflosigkeit, und der Sprachlose protestiert nicht außer durch sein Verstummen. Aber worauf

antworten Hilflosigkeit und Verstummen? Ich schlage den Begriff eines jungen deutschen Lyrikers vor, den Begriff »Schaum«[18].

2. – »Schaum« hat vor allem drei Vorzüge, die ihn zur Beschreibung einer heute weit verbreiteten Erfahrung tauglich machen: (1) Er ist ungreifbar: wir fassen zu und halten nichts in Händen. Soviel Gestalten er einnimmt, wir können ihm keine geben, die hält. (2) Er ist minderer Realität: z.B. auf dem Wasser treibend, ist er das Wasser nicht, obschon er dieses ganz bedecken kann. Aber er ist doch auch aus Wasser. (3) Er kann ersticken, obschon er gut munden kann. Er kann tödlich sein. – »Schaum« ist natürlich eine Metapher. Darin unterscheidet er sich in nichts von anderen Worten. Aber indem er das Unähnliche ähnlich macht (eben in der Qualität »Schaum« zu sein), treibt er ihm mit den Differenzen zugleich die Qualitäten aus. »Schaum« ist eine Metapher für Identitätsverlust. – Aber die Beschreibung ist ungerecht. Ist »Schaum« nicht auch eine Metapher des gesteigerten Lebens? Schaum tritt vor den Mund des Rasenden. Freude schäumt über. Aphrodite entsteigt dem Schaum des abgeschnittenen Zeugungsglieds. – Auch diese Beispiele – eines auslöschenden oder hinreißenden Affekts, eines gärenden Zeugungsstoffes vor der Geburt – sind Beispiele der verlorenen oder der noch nicht gewonnenen Identität. Sie bezeichnen die ursprungsmythische Seite der Metapher, betonen den chaotischen Zug in ihr. Aber sie stoßen die Beschreibung nicht um. Sie verraten uns nur, daß die verzweifelte Sehnsucht, zurückzutauchen in ein gestaltloses Leben, die andere Seite des Grauens vor dem Gestaltlosen ist. Aber es sind nicht die Beispiele, die unsere Erfahrung treffen. – Wer der Verführung erliegt, die mythologischen Anspie-

lungen einer Metapher zu sammeln, ist nur zu leicht
bereit, deren widerstrebende Tendenzen für Aspekte des
Ganzen zu nehmen und dem in ihr versteinerten Konflikt
die Weihe des Archetyps zu erteilen. Anbetung der Ursprünge, deren unversöhntes Nebeneinander als ungebrochene Natur verherrlicht wird, rechtfertigt die polytheistische Situation, in der wir zerrissen sind, und mißbraucht
die selbst der Therapie bedürftige zu therapeutischen
Zwecken. Aber Archetypen, auch wenn sie den Bann über
die Geschichte verhängen, haben selbst Geschichte, und
wer eine Metapher gebraucht, muß wissen, daß sie wie
jedes Wort und jeder Mensch ein Schicksal hat. Die
Metapher »Schaum« ist für uns nicht mehr eine des Über-
schwangs, des auf- und niedersteigenden Lebens, der Teilnahme noch des schnell Verfliegenden an einem gärenden
Urgrund. Der Glaube an die alles erneuernde Macht des
Lebens ist aufgebraucht. »Schaum« ist weder eine helle
noch eine dunkle Metapher mehr. »Schaum« ist trübe.

3. – Aber »Schaum« hat doch auch eine Struktur? Wir
haben ihm drei Eigenschaften zugeschrieben: Ungreifbar-
keit; verminderte Realität; die Drohung des Erstickens.
Sie stehen in einem Zusammenhang, der so wenig in ihnen
aufgeht wie der Begriff »Wirklichkeit« in der Metapher
»Schaum«. – Die erste Eigenschaft antwortet auf die Frage: wo ist Verkörperung anschaubar? Die Antwort lautet:
nirgends; oder wenn, dann nur in Schaumgestalten. Die
zweite antwortet auf die Frage: was verkörpert sich in
diesen? Die Antwort lautet: ich weiß es nicht, ich sehe
immer nur Schaum. Die dritte antwortet auf die Frage:
wie werde ich von Schaum ergriffen? Die Antwort lautet:
indem ich ausgelöscht werde durch Schaum. – Unsere Beschreibung antwortet auf die Frage nach der trinitarischen

Struktur der Wirklichkeit. Ich kann sie auch anders formulieren, sie wird in jedem Zeitalter anders formuliert, ja in jeder Aktion und jeder Regung eines Menschenlebens neu. Sie fragt nach dem, womit es sich trotz Trennung in Liebe vereinigen kann, der Form, durch die es seine Form findet. Das ist die Frage der zweiten Person. Sie fragt nach der Macht des Seins, die es dem Nichtsein widerstehen läßt, dem Seiend-Sein des Seins, dem Wirklich-Sein der Wirklichkeit, das in jeder Form anwesend ist und dennoch jede als vereinzelte durchschlägt und das ich erfahre noch in Zerstörung und Selbstzerstörung. Das ist die Frage der ersten Person. Sie fragt nach dem Sinn des Geschehens, der mich als Frage auch dann nicht losläßt, wenn ich gelassen oder zynisch oder in ohnmächtigem Zorn an Sinn verzweifle. Das ist die Frage der dritten Person. Ich kann diese Fragen nicht trennen. Ich kann Wirklichkeit nicht beschreiben ohne eine Antwort auf sie. Unsere Beschreibung war eine trinitarische Beschreibung der Schaumwelt. – Doch wir begnügen uns mit der Beschreibung nicht. Wir wollen die »Substanz« unserer Beschreibung prüfen, Zusammenhänge kennenlernen, indem wir »Grund« und »Folge« unterscheiden; wir sind skeptisch, ob nicht eine Beschreibung wie diese nur für ganz bestimmte »Räume« (z. B. unserer Gesellschaft) gilt; ob sie nicht eine vorübergehende, eine bloß »zeitliche« Erscheinung ist. – Wir können zahlreiche Einwände formulieren. Doch wir erfahren, noch während wir formulieren, einen Widerstand: die Kategorien, deren wir uns bedienen, sind von der Verwandlung in »Schaum« miterfaßt. – Wir nennen diese vier: Substanz und Kausalität, Raum und Zeit.

4. – Substanz, die große Kategorie der antiken Welt, die erste des Aristoteles, von Descartes schon zu einer unbe-

stimmten »Sache« (res) entmächtigt und von Kant als »Relation« um ihren Sinn gebracht, hat sich verflüchtigt[19]. Das Wort hat einen altmodischen Klang. Wer »Substanz« vermißt, scheint Verlorenem nachzutrauern. Er setzt sich dem Verdacht aus, eigensinnig[20] an noch nicht geplanten vorindustriellen Zuständen der Gesellschaft oder an noch nicht analysierten vorrationalen Restbeständen des Denkens festzuhalten. So durchsichtig der Vorwurf ist, der gegen die »Neuerer« erhoben wird, die Substanz verschleudern, so beängstigend ist die Erfahrung, daß Substanz, um alle ihre Widerstände gebracht, gerade von den Formen aufgezehrt wird, die sie bewahren sollen. Substanz, einmal die philosophische Kategorie anstelle mythischer Ursprungsmacht, scheint das Schicksal des entmythologisierten Mythos zu teilen: aufgelöst zu werden ohne Rest und dafür im Kult des bloß Vorfindlichen als eines »Positiven«[21] wiederzukehren. Aber wo alles, nur weil es ist so wie es ist, Substanz genannt wird, da ist Substanz nicht mehr der harte Kern der Dinge, sondern Schaum.

5. – Kausalität, die große Kategorie der modernen Welt, zuletzt die der Verknüpfung im lückenlosen Zusammenhang von Grund und Folge (einer Verknüpfung, die der Autonomie des Denkenden ebenso diente wie sie diese unterminierte, indem sie durch das Postulat der Lückenlosigkeit und Adaequanz ebenso den Grund an die Folgen wie diese an jenen band), scheint zu einer der undurchschaubaren Verstrickung geworden zu sein. Schon die großen Positivisten des vergangenen Jahrhunderts hatten sich mit dem Herausziehen einzelner kausaler Stränge begnügen müssen. Aber auch der einzelne »Strang« war an das Bild eines allgemeinen Fortschreitens geknüpft, dessen Triumph als eines regelhaften vernünftigen Pro-

zesses der Begriff der Kausalität als der einer ebenso regelhaften vernünftigen Verknüpfung aller Zustände mit allen verbürgen sollte. Was ist nach dem Zusammenbruch dieses Glaubens dem Forscher geblieben, der nicht die schöpferische Macht des Chaos anbeten will? Er muß sich mit der Beschreibung von Konstellationen[22] begnügen (schon der Siegeszug der phänomenologischen Methode war ein Schritt auf diesem Weg) und, wenn er in die Beschreibung einen Sinn legen will, ihn ähnlich dem alten Sternengläubigen aus der Anbetung jener Mächte nehmen, die Leben bestimmen, indem sie Leben verstricken. Doch der fatalistische Zug der Indifferenz in der Schaumwelt ist gerade eine Folge des ohnmächtigen Festhaltens an dem Zusammenhang von Grund und Folge dort, wo ihn die Methode preisgegeben hat: niemand wird der Verstrickung entgehen, der sie nicht kausal erklären kann. Ausdruck einmal des Prozesses, der die starre Eigenmacht der Substanzen bricht, teils um sie abhängig zu machen von den »wahren« Substanzen, den causae und archai, teils um im Gleichgewicht von Grund und Folge die Welt nach den Gesetzen einer natürlichen Harmonie abrollen zu lassen, ist Kausalität zum Ausdruck eines wiewohl starren, so doch ungreifbaren Verhängnisses geworden. Der Satz Bacons »natura parendo vincitur«[23] hat sich in sein Gegenteil verkehrt: wir unterliegen einer undurchschauten Natur gerade dort, wo wir sie zu beherrschen meinen. Wenn Verstrickung das Fernste an das Nächste bindet und das Nächste an das Fernste, ohne daß ein Glaube an die Harmonie von Mikrokosmos und Makrokosmos den Erschreckten beruhigt und sein Erschrecken in Bewunderung verwandelt, so hat Kausalität ihre Rolle als Dämonenbeschwörerin eingebüßt. Sie scheint die wahren Gründe nie zu treffen, sondern immer nur Symptome der Schaumwelt.

6. – Beide, Substanz und Kausalität, formulieren die »Gebrochenheit« des Seins. Sie sind Kategorien: Formen, in denen wir von endlichem Sein reden[24]. Sie formulieren endliches Sein, das als Begrenztes erscheint, aber in Begrenzung nicht aufgeht. – Beide, Substanz und Kausalität, gehen hinter die Begrenzung zurück. Die Substanz des Individuums, die von diesem seine individuelle Form erhält, ist selbst nichts Individuelles. Die Getriebenheit alles Lebendigen geht nicht auf im einzelnen Trieb. Aber wo im Individuum und wo im einzelnen Trieb ist das verkörpert, was jenseits der Begrenzung ist? Wenn meine Rede die Begrenzung nicht rückgängig macht, wie kann ich dann von ihm reden? – Beide, Substanz und Kausalität, tragen eine Trennung in das Sein: das ist Substanz und jenes nicht; das ist Grund und jenes ist Folge. Sie haben eine unterscheidende Macht, die das wahrhaft Seiende vom nicht wahrhaft Seienden, den Ursprung vom bloß Abgeleiteten scheidet. Daher konnten sie beides sein: Bekräftigung der Ursprünge und des wahren Seins einerseits, Erkenntnis der Welt als einer nur in gebrochenen Zusammenhängen vermittelten andererseits. Sie konnten das durch sie Erfaßte aufklären und verdunkeln zugleich, wie es am deutlichsten die Kantische Kategorie der »Erscheinung« zeigt, die in der Mitte schwebt zwischen greifbarer Wirklichkeit und gespenstischem Abbild. Aber die Kantischen Erscheinungen waren noch behaftbar. Sie konnten noch einer naturwissenschaftlichen Forschung das gute Gewissen geben, dessen sie zu ihren Konstruktionen bedurfte, nachdem das Harmonieprinzip als eines der Vermittlung zwischen Gedanken und gegenständlicher Welt (res cogitans und res extensa) fragwürdig geworden war. Heute haben beide, Substanz und Kausalität, ihre unterscheidende Macht eingebüßt. Kaum eine Philosophie stellt noch

die Frage nach ihnen. Dem einzelnen Forscher bleibt überlassen, was er als substantiell ansehen, welche Form der Verknüpfung er als verbindlich gelten lassen will. Die Frage nach dem wahrhaft Seienden hat sich in Regionen verlagert, in die Wissenschaft nicht reicht. Mit dem Vorsatz, das eigentliche Wesen des Menschen vor dem Schaum zu retten, überläßt eine Philosophie, der es ums Existieren geht, unsere leibhaftige Existenz dem Schaum, der nicht nur alles Fragen erstickt, sondern auch die Begriffe unbrauchbar macht, auf die wir stolz waren, auf die sie verzichtet. Wir könnten die Schaumwelt ebenso als Chaos wie als ein System beschreiben. »Chaos« und »System« scheinen austauschbare Begriffe zu sein.

7. – Daß wir die Schaumwelt ebenso als »Chaos« wie als ein »System« beschreiben können (»verschlingen« und »verstricken« sind die Korrelate solcher Beschreibung) und jede Folgerung irreführt, die sich nur an eines dieser Urteile hält statt an die Interferenz beider, ist eine Aussage über ihre Struktur, die uns sofort in Schwierigkeiten bringt, sobald wir Raum und Zeit in ihr beschreiben. Denn jede Analyse der Erfahrung von Raum und Zeit formuliert den Konflikt zwischen dem verschlingenden und dem erhaltenden Aspekt, den beide haben, und zugleich eine Spannung, die zwischen beiden besteht. Ob Raum die Zeit überwältigt oder Zeit den Raum, ist eine Frage, die nicht zu trennen ist von der Lösung des Konflikts in beiden. Aber sobald wir bemerken, daß wir letztlich Raumbegriffe nicht definieren können, ohne zeitliche Metaphern zuhilfe zu nehmen, und Zeitbegriffe nicht ohne die Zuhilfenahme räumlicher Metaphern, erkennen wir die Notwendigkeit an, eine Balance zwischen beiden herzustellen. In dieser Balance würden auch Begriffe wie

Chaos und System wieder einen Sinn bekommen und in ihr auch die Konflikte im »Inneren« von Raum und Zeit versöhnt erscheinen. Aber solange Chaos und System austauschbare Begriffe sind (weil, wie Analysen von Philosophen und Soziologen zeigen, beide Begriffe, an die sich einmal ganz verschiedene Heilserwartungen knüpfen konnten, zu einem Ausdruck der Erwartung gleichen Unheils geworden sind), ist es um unsere Hoffnung schlecht bestellt, die Balance zu finden. – Der Mythos kennt verschlingende Räume und eine verschlingende Zeit, aber es ist die gleiche Zeit, die alle Räume wieder aus sich hervorbringt, und jeder Raum gewährt Schutz gegen den anderen Raum und Schutz auch gegen die verschlingende Zeit. Der Mythos versucht, den Konflikt von Raum und Zeit zu lösen, indem er Raum durch Zeit und Zeit durch Raum zu bannen sucht. Die kreisende Zeit, die jeden Raum an seinen Zeit-Ort bannt, und eine hierarchische Ordnung der Räume, die sich gegen das Verschlungenwerden durch Zeit behauptet, sind sein »System«, ein Dammbau gegen das »Chaos«. Sie sind ein Versuch, die Mächte des Ursprungs zu versöhnen, die sämtlich teilhaben an dem verschlingenden Charakter von Raum und Zeit. Jetzt kann Zeit als eine Kette von Wiederholungen ertragen werden (obschon diese Kette keine Abweichung duldet), und Räume können durchwandert werden, weil der Reisende oder Kolonien Gründende sich an Ähnlichkeiten klammern kann, die in jedem fremden Raum den heimatlichen wiedererstehen lassen. Aber das Chaos dauert fort, teils in bestimmte Räume, teils in bestimmte Zeiten gebannt, und es dauert fort auf dem Grund von allem, dort der Tartaros und titanische Ursprung der Menschen, hier die Hyle, das me on der Philosophen, das sich wohl überformen, doch nicht entmächtigen läßt. Ergebung in das Schicksal eines zweideutigen »Weltenspiels« scheint der einzige Trost zu sein, der »bleibt«. – Aber wir kennen zwei Antworten auf die Bedrohung durch ein zweideutiges Schicksal: eine, die unter Verzicht auf die Welt deren zweideutige Verkörperungen zu übersteigen und sich im Anschauen eines ewigen Schicksals mit diesem zu einen sucht; eine, die in einer Welt zweideutiger Verkörperungen den Kampf gegen die Zweideutigkeit der Welt als ihr eigenes Schicksal erkennt und auf sich nimmt. Die eine Antwort geben die Philosophen Griechenlands, die andere die Propheten Israels. Während jene sich über die zweideutigen Verkörperungen der Welt erheben und ihre »Überhebung« (das philosophische Gegenstück zur hybris des tragischen Helden) sie doch vor der »Buße« nicht retten kann, die sie den verschlingenden Räumen und der verschlingenden Zeit »zahlen« müssen, brechen diese die Herrschaftsmacht der verschlingenden Räume und einer verschlingenden Zeit. In ihrem Kampf gegen die Baale protestieren sie gegen die ungebrochenen Mächte des Ursprungs. Sie stellen ihnen die eine Macht entgegen, die verzerrt auch in ihnen ist. Die Räume sind Verzerrungen des einen Schöpfungsraumes; und wer sich der kreisenden Zeit unterwirft, weicht aus vor dem Neuen, das jeder Augenblick, unwiederholbar, hervorbringt. Zeit ist ein Geschehen, das alle Räume in sich reißt, weil sich in ihm ein Sinn erfüllen wird, nach dem sehnsüchtig alle Räume fragen. Anfang und Ende können ertragen werden, weil sie als Verheißung und Gericht im Augenblick schon gegenwärtig sind. Es ist kein Schicksal über ihn verhängt, das ihn entmächtigt, sondern er selbst ist mächtig, weil sich an jedem Ort in jedem Augenblick Schicksal entscheidet. – Von dieser Tradition lebt unsere Geschichte. Sie ist Geschichte erst als ein Geschehen, das auf ein Ziel gerichtet ist, in dem

die Mächte des Raumes und die Macht der Zeit versöhnt
sein werden, und jede Verkörperung, im Blick auf dieses
Ziel, ist ein, wenn auch unvollkommenes oder verzerrtes,
Bild der Versöhnung. Doch wir wissen nur von einem
Ziel, weil Versöhnung, wenn auch unvollkommen und
verzerrt, in jeder Verkörperung leibhaftig unter uns ist.
Dieser Glaube, in dem die »Erwartung« eines »alten«
Testaments und die einmal schon verkörperte »Erfüllung«
eines »neuen« unauflöslich sich verbunden haben (denn
auch aus den erstarrtesten Verkörperungen dieses Glaubens ist die Erwartung nicht wegzudenken, und noch in
den phantastischsten Erwartungen der Träumer sind sehr
reale Verkörperungen, anknüpfend an die Bedürfnisse des
Körpers selbst, Gegenstand ihrer Träume), hat ein Denken,
das wir »Aufklärung« nennen, auf Ziele zu bewegt, ohne
deren bruchstückhafte Erfüllung wir uns »Leben« nicht
mehr vorstellen können. – Doch es sieht so aus, als ob
Raum und Zeit von der Philosophie und den auf die Beherrschung der Welt gerichteten Wissenschaften einerseits
zu bloßen Kategorien entmächtigt und andererseits zu
Instrumenten der Beherrschung gemacht worden sind. So
z. B. schien Kant sie als eine doppelte Kontrollinstanz
gedacht zu haben, die das »unverbundene Mannigfal-
tige«, das über das Ich hereinbricht, im Auftrag eines
synthetisierenden Bewußtseins ordnend erfaßt und es zur
begrifflichen Weiterverarbeitung durch das kontrollierende
Ich tauglich macht [25]. Das bloß »äußerliche« Nebeneinander
im Raum und das bloß »eindimensionale« Nacheinander
der Zeit läßt, nach Hegels erläuterndem Wort, die Dinge
»gefangen und im allgemeinen Kerker« [26] sein und scheint
zugleich, mit einer äußersten Verdinglichung der begeg-
nenden Welt, jene »unüberbietbare Nivellierung« herbeizuführen, die Heidegger, in seiner Interpretation des

Hegelschen Raum- und Zeitbegriffs, diesem als einer bloßen Mannigfaltigkeit und Folge von »Punkten« vorgehalten hat[27]. – Aber der Raum- und Zeitbegriff Kants in der »Transzendentalen Ästhetik« wird durch einen anderen Raum- und Zeitbegriff balanciert, auf dessen Hintergrund auch die dort erläuterten Begriffe stehen. In der Erörterung des »Streites der philosophischen Fakultät mit der juristischen«[28] (die beide sich um die Vervollkommnung der menschlichen Gesellschaft streiten) lehrt uns Kant auf die »Geschichtszeichen« achten (wir kennen sie aus der Geschichte eben jener Tradition, die nach den Verkörperungen der Erwartung forscht) und sieht im Siege der Französischen Revolution das Zeichen für ein »Fortschreiten des menschlichen Geschlechtes zum Besseren«. Er kennt auch einen Ort, der das Ziel dieses Fortschreitens ist: die »respublica phaenomenon«, die das »Platonische Ideal« einer »respublica noumenon« zur Wirklichkeit erlösen wird. Sie wie das auf sie zugehende Geschehen sind nicht nur »Hirngespinst«, und so, wie menschliche Vernunft die göttliche Macht der Vernunft in sich verkörpert, ist das erkennende Einen durch Vernunft, in dem alle ihre Vermögen zusammenwirken, nicht nur ein herrschaftlicher Akt des Ich, sondern ein Modell der Erlösung. In der »Eindimensionalität« der Zeit und dem »äußerlichen Nebeneinander« des Raumes ist vorgebildet das Fortschreiten der Zeit zum Ziel des einen Raumes, in dem jedes Ding seinen Ort und jeder Mensch seine Stelle hat. – Aber die Hoffnung Kants ist einer Resignation gewichen, deren Ausdruck neben anderem auch das Zerreißen seines Zeit- und Raumbegriffes ist. In einer Welt, die die »eine« Zeit und den »einen« Raum nur noch in der Verwendung technischer Sprachen kennt (in denen freilich alle Räume dieser Welt sich auf ein Fortschreiten einigen können), erschrecken wir wieder vor der verschlingenden Macht der Räume, die nicht einmal mehr, wie die Räume der mythischen Welt, in schönen oder schrecklichen Gestalten anschaubar und distanzierbar sind, und wir lernen den Schauder kennen vor der Drohung einer verschlingenden Zeit, vor der das Stagnieren der Zeit, das wir in uns und um uns erfahren, schon wie ein Trost erscheint. Raum und Zeit werden wieder als »Chaos« erfahren und zugleich als ein »System« von Veranstaltungen, die Chaos verdecken und das durch sie verdeckte befördern. Zu diesen zählt auch der Versuch, Raum und Zeit, als die unbewegten Beweger des Weltenspiels, in jenem »Selbigen« sich finden zu lassen, das von den gelassen Zuschauenden als »Zeit-Spiel-Raum«[29] angedacht, doch von den erschreckt in es Hineingezogenen als »Schaum« beschrieben wird.

8. – Aber wie verhindere ich, daß meine Analyse zu einer Bestätigung des Analysierten wird? Wie sage ich »nein« in einer Welt aus Schaum? – Ich kann Substanz nicht heucheln, die ich dem »Schaum« entgegenstelle, und Grund und Folge nicht nur dort verfolgen, wo die Reste hierarchischer Strukturen erkennbar sind. Aber, wenn ich der Verstrickung nicht entgehen kann, kann ich sie dann wenigstens sichtbar machen? Doch hat »sichtbar machen« einen Sinn? Ist es eine Antwort auf das Problem der Identifizierung? – Wie z. B. sage ich »nein« zu der Zeit, die nicht weitergeht? Nicht, indem ich weitergehe; dies wäre vergeblich; es würde sich von einem Weitergehen, das Nicht-Weitergehen ist, nicht unterscheiden. Sondern indem ich das Stehenbleiben zur Katastrophe mache; es als die Katastrophe »darstelle«, die es ist. – Oder: wie sage ich »nein« zu den Räumen, die mich zu verschlingen drohen? Nicht, indem ich gegen diese Räume protestiere.

Längst hat der Gott des Protestes gegen das Verschlungenwerden von den Räumen seinen eigenen Raum. Sondern indem ich das Verschlungenwerden als die Katastrophe darstelle, die es ist. – Diese Proteste haben eins gemein: sie machen mit dem mit, wogegen sie protestieren. Wenn jedes Nein, noch ehe es gehört, ja noch ehe es ausgesprochen ist, in ein Ja verwandelt wird, bleibt dem Neinsagenden nur eines: das erschreckende Ja; der »tödliche« Konformismus dessen, der die Worte beim Wort, die Gesten beim Wort, auch das hilflose oder trotzige Verstummen beim Wort nimmt. Die Welt ist nicht so, daß wir uns mit ihr identifizieren könnten. Aber jede Aktion in ihr, auch und gerade die zum Ritual erstarrte, prätendiert Identifikation. Also muß, wer sagt: jawohl, ich identifiziere mich, den Erfolg darstellen: die mißlingende Identifikation. Eulenspiegel, nicht Sokrates, ist der Maieutiker der Schaumwelt. Aber – denn das ist die Leistung des Eulenspiegel – er muß übersetzen; Sprache, die verstümmelte, weil nur noch ja-sagende Sprache ist (ja-sagend auch dann, wenn sie behängt ist mit dem Nein der Proteste), in unverstümmelte übersetzen: in der das Ja ein todtrauriges Nein, das »Man« noch ein Versuch, das Selbst zu retten, die Scheinwelt noch ein Widerschein der besseren ist, die in ihr zergeht. Nicht-Übersetzen wäre Verrat. Er erst macht das Man zum Man und die Welt des Scheins zu einer bloßen Ersatzwelt. Er sagt: die Schaumwelt hat sich abgewandt, sie hat das Sein vergessen. Schaum ist »Gemächte«[30]. Aber er verrät mit diesem sich und uns.

Exkurs über Eulenspiegel als Maieutiker

Die Technik des Eulenspiegel ist die uralte der Verfremdung, die von Brecht mit diesem Namen benannt und zur Technik eines darstellenden Erkennens in der entfremdeten Gesellschaft gemacht worden ist[1]. Auch die Erkenntnis, die Eulenspiegel lehrt, ist dargestellte Erkenntnis. Überhaupt bieten die Rolle des mittelalterlichen und des antiken Narren sowie die Bilder der »verkehrten Welt« eine noch ganz unausgeschöpfte Fundgrube darstellenden Erkennens[2].

I

Vielleicht war Sokrates ein eulenspiegelhafter Mann, mehr als uns in den Redaktionen des Plato und des Xenophon davon erhalten ist. Vielleicht ist dies der Grund für den Aristophanischen Angriff, der ihn als einen zwischen Himmel und Erde hängenden Phantasten unschädlich machen soll[3]. Doch der Angriff mißlang. Denn Sokrates trug keine Lehre vor, er verkörperte sie. Nur so konnte er zum Heiligen so vieler spätantiker philosophischer Sekten und Kirchen werden. Mit den Worten Kierkegaards: er »war« Ironie[4]. Aber er war nicht Zynismus. Die »infinita et absoluta negativitas«, als die Kierkegaard Ironie definiert, ist eine erotische Kategorie. Sie drückt ein ewiges Ungenügen aus: das des unbefriedigten, nicht das des enttäuschten eros. Seine Freiheit ist die des Überschreitens. Doch er nimmt die Partner mit auf seinem Weg. Noch in den Bindungen, die er eingeht, macht er von dieser Freiheit Gebrauch. – Eulenspiegel ist nicht ironisch. Er ist auch kein Freiheitsheld. Er geht nicht Bindungen ein, sondern fügt sich in Zwänge. Aber er fügt sich so, daß er das Zwanghafte der Zwänge sichtbar macht. Die Freiheit,

die ihm bleibt, ist die des Demonstrierens. – Diogenes der
Hund, nicht mehr an den für alle verbindlichen logos
appellierend, gar an die Gesetze, denen zu gehorchen Sokrates nicht müde wurde, steht Eulenspiegel näher[5]. Aber
auch er ist nicht Eulenspiegel. Er hält der polis die Wahrheit über die polis vor. Insgeheim sagend: Nicht ich bin
der Hund, ihr alle seid Hunde, geht er mit der Laterne
einen Menschen auf dem Marktplatz suchen. Er lehrt wohl
die Folgen der Entfremdung erkennen, doch er unter-
schlägt den Prozeß der Entfremdung. In ihm ist der enttäuschte eros am Werk, den wir, sobald er sich vor weiteren
Enttäuschungen zu bewahren sucht, Zynismus nennen.
Sein Suchen ist Schein: es ist nur eine Darstellung des
Nicht-Gefunden-Habens. Er nimmt, obschon verfremdend, nicht selbst an der Entfremdung teil. – Das tut Eulenspiegel. Eulenspiegel beginnt als Konformist (sonst hätte
er sich nicht in jedermanns Vertrauen geschlichen, sonst
wäre er nicht an seine »Schüler« herangekommen) und
endet als Konformist; richtiger: als der einzige, der wahre,
der durch sein Verhalten die Wahrheit über den Konformismus an den Tag bringt. Er spaltet die Welt nicht in
Täter und Opfer, Sündenböcke und Verführte, sondern
überführt die Opfer ihres Opferseins. Doch in dem Moment werden sie als die Täter kenntlich. Eine kleine Geste
unterstreicht ihre Täterschaft: obschon sie seine Schüler
sind, die er belehrt, weiß er ihnen die Rolle des Auftrag-
gebers zuzuschanzen. Freiwillig haben sie das verordnet,
was er als Zwang zuendeführt. Dies wirft ein Licht auf
beide: Freiwilligkeit und Zwang. Der Sog, den die Geschichten, und gerade die bösartigen unter ihnen, bis heute
haben, ist nicht nur einer, wie er allem zwanghaften Geschehen zukommt. Es ist die Bewegung der Selbstzerstörung in ihnen, der oft der Demonstrierende selbst nur mit

knapper Not entrinnt. Er übertölpelt nicht aus der Distanz des Besserwissens, sondern führt das Schlechterwissen gegen ein vermeintliches Besserwissen ins Feld. Der einzige Vorsprung, den er hat, ist der der Erkenntnis, die das Leiden schon als allgemeines vorwegnimmt, das eben noch als ein besonderes geschieht. Das gerade ist der wahre Konformismus: der des Leidens, und eben diesen bringt er an den Tag. – Ein Beispiel[6]: er rächt sich nicht nur an den hämischen Leuten, die ihn verhöhnten, als er seiltanzend ins Wasser fiel – dabei hatte seine Mutter das Seil abgeschnitten, nicht er war der Tölpel –, sondern: indem er die zusammengeschnürten linken Schuhe der Leute beim nächsten Seiltanz unter sie wirft, daß sie statt des versprochenen Vergnügens sich wütend balgen, sagt er zugleich: So seid ihr. Das ist euer Vergnügen. – Ein anderes: er beruft sich nicht auf eine faule Ähnlichkeit, als er vor dem Herzog von Lüneburg, der ihn aufhängen will, um Gnade bettelt, indem er sich in den aufgeschlitzten Bauch seines Pferdes stellt, zwischen die schwankenden vier starren Beine, und sich, im Aase stehend, auf den Spruch beruft, daß »ein jeglicher soll Frieden haben zwischen seinen vier Pfählen«, sondern: er spricht zugleich die Wahrheit aus über den Frieden, den man anders doch nicht haben kann als im Aase stehend, zwischen vier Totenpfählen. – Dies ist das Schema aller seiner Geschichten, die dadurch sind, was der Mechanismus der Fabel auszudrücken scheint: erkennende Darstellung, dargestellte Erkenntnis der verkehrten Welt. Die scheinbar richtige verfremdend, machen sie diese als eine entfremdete sichtbar. Aber sind sie darum dargestellte Fabeln?

Eulenspiegelgeschichten sind böse. Ihre Pointen sind stumpf. Alle leben sie vom Wörtlichnehmen, dem Urbild des Zwangs, und die Verkehrung der Sprache, die darin steckt, spiegelt die Verkehrung einer Welt, in der Sprache nur noch ein Instrument der Verstrickung ist und nicht mehr eines der Befreiung. Der Gaukler gerade, statt daß er mit den Worten spielt und durch sein Spiel die Menge bezaubert (dies das Bild vom Gaukler, das jene entwerfen, die sich Spiel und Zauber verboten haben und die eine Wirklichkeit, die sich von Zwang befreit, umlügen müssen in ein Gaukelspiel), hat ein todtrauriges Verhältnis zu den Worten. Oft hat er ihr Krankgewordensein als erster erkannt. Er provoziert Lachen, das allein dem Unbehagen gilt, das der ansteckende Umgang mit Krankem verursacht. Dort, wo er wörtlich nimmt, ist er der schlimmsten Krankheit der Worte auf der Spur: sie sind nicht mehr Worte der Sprache. Jedes verstockt in sich, gehen sie nicht mehr in den Zusammenhang ein, den metaphorisch zu nennen nur ein anderes Wort für Sprache ist: eines, das Sprache als Charakteristikum jedes einzelnen Wortes erkennt. Die Verkehrungen der Sprache, deren Eulenspiegel sich schuldig macht, machen Sprache als eine verkehrte schuldig: an all den bösen Folgen nämlich, die der scheinbar wörtliche Gebrauch heraufbeschwört. Die friedenstiftende Macht der Sprache will der nicht länger anerkennen, der erkennt, daß sie mißbraucht wird als ein billiger Ersatz für Frieden, weil sie anerkennen hieße: den Mißbrauch bestätigen. Aber welche Sprache bleibt, um sich gegen den Mißbrauch zu wehren? – Eulenspiegel, den seine Lehrherren als verstockten Bösewicht vertreiben und hinter dem sie sich bekreuzigen, sobald sie erkennen, daß er der Gaukler war, hat durch die eigene Verstocktheit die der Sprache demonstriert. Es ist nicht ungefährlich, in dieser »Schicht« der eigenen Person zu demonstrieren. Das Geschäft der Verkehrung wäre ein leichtes Geschäft, wenn es den Demonstrierenden ungeschoren ließe. Aber die Wurzel der Demonstration, die Eulenspiegel betreibt, ist nicht Verkehrung. Eulenspiegel ist kein Wortverdreher. Den spitzfindigen Situationen zum Trotz ist seine Rede oft ein »einfaches Sagen«: nicht eines jenseits der verkehrten Welt, sondern ein sehr gefährdetes mitten in ihr – glücklicherweise eines, das sich keine Illusionen macht, wie es Eulenspiegels rasche Flucht nach jedem seiner »lustigen Streiche« beweist. Verkehrung, vor allem die des einzelnen Wortes, macht sich auch keine Illusionen, aber sie wählt ein Incognito, das die Frage nach dem »Schuldigen« in der Schwebe läßt. Sie ist ein zweideutiges Instrument der Freiheit. – Verkehrung ist uns geläufig aus Wortspiel und Schüttelreim, deren Trick es ist, der »Natur« der Sprache die Beweislast aufzubürden. Sie entscheidet darüber, was geht oder nicht. Objektivität selbst hat hier die Züge der Freiheit, freilich einer, die in Orakeln spricht. Das Wortspiel entlastet beide Seiten, die des sprechenden Subjekts und die des scheinbar objektiven Wortes. Und es belastet sie zugleich, indem es sie zu Komplicen macht, deren einer dem anderen die Pointe zuschiebt, während ihr gemeinsames Überraschtsein sie beide verrät. Ein Teil dieser Wirkung wohnt auch der Fabel inne. Auch sie entlastet und belastet beide Seiten zugleich. Auch sie ist, darin dem Wortspiel ähnelnd, ein zweideutiges Instrument der Freiheit. Doch jetzt sind wir gewarnt. Sind die Eulenspiegelgeschichten, selbst wenn sie sich durch den Mechanismus der Fabel beschreiben ließen, wirklich dargestellte Fabeln?

III

Günther Anders hat den Mechanismus der Fabel als »Inversion« beschrieben[7]. »Tiere benehmen sich wie die Menschen« heißt »Menschen sind wie die Tiere« (oder, in der vertrackten Moral einer der Eulenspiegelgeschichten: wenn sich der Doktor wie ein Schwein benimmt, dann hat sich eben das Schwein wie ein Doktor benommen, und die Leute erkennen: ach Gott, der Doktor war ja nur ein Schwein). – Aber (hier muß auch Sternberger widersprochen werden, der ihn für einen solchen erklärt[8]) Eulenspiegel ist kein Fabelheld. Seine Geschichten sind keine Fabeln. Schon die Beziehung, die Anders zwischen den »Räubern« der Dreigroschenoper und den »Spießern« herstellt, an die sie sich richtet: »Räuber sind Spießer« bedeute modo inversionis »Spießer sind Räuber«, trifft nicht deren Moral. Auch sie ist nicht eine der Fabel. Diese setzt eine überschaubare Welt voraus. Sie fordert zum Vergleich heraus, indem sie vergleicht. Hier gilt die Inversion, wenigstens für ihre lehrhaft-moralisierende Spätform, in der die totemistischen Ursprünge der Fabel – die Tierahnen, deren Heroengeschichten ein so zweideutiger Urstoff sind wie alle die Zweideutigkeit menschlichen Lebens begründende Heroenmythologie – verschwiegen werden. Denn fabula bedeutete einmal nichts anderes als im Griechischen mythos: Göttergeschichte, Heroengeschichte, Erzählung von einer Urzeit, die als eine im Fest vergegenwärtigte in jeder späteren Zeit, diese begründend, wiederersteht. Sie nahm ihre Kraft nicht vom Vergleich, sondern stiftete den ein-für-alle-mal festgelegten, vorbildlichen Zusammenhang. Erst die Freiheit von diesem Zusammenhang macht den unentrinnbaren zum Gleichnis, die Fabel zur erdichteten Rede, der anderen Seite eines vergleichenden Wie-So. – Heute, wo wir erkennen, wieviel Freiheit des Subjekts noch in dem über zwei Bereiche spielerisch verfügenden Wie-So der Fabel steckt, bemerken wir, daß das Fehlen des vergleichenden Wie zugleich bedeutet, daß der Unterschied von Essenz und Existenz, hier das hinter dem Wie-So der Fabel steckende »Anstattdaß«, die »Moral« der Fabel, nicht mehr erkennbar ist. Das Fehlen des vergleichenden Wie bedeutet Identität, nicht die Leben erhaltende des Sich-mit-Etwas-Identifizierens, sondern die des toten Ineins-Geronnenseins. Hier ist keine Zeit mehr, ein Urteil zu fällen. Das setzt ja Freiheit, Messen, Unterschied voraus. »Räuber« und »Spießer«, im Beispiel der Dreigroschenoper, sind nicht mehr lehrhaft vor- oder zurückzulesen, sondern in einer Weise eins, die Räubersein und Spießersein ununterscheidbar macht, so daß diese Worte, gerade weil sie eigensinnig einen Unterschied behaupten, der nicht mehr ist, nicht einmal mehr verärgern, sondern bloß noch sentimental erscheinen. Gerade diese Identität macht das von ihr Befallene so gefährlich und die scheinbare Fabel (die sich in verhängnisvoller Weise wieder deren Grundbestimmung, dem Bericht über ein ausweglos ablaufendes Geschehen, angenähert hat) so ausweglos. – Derart ausweglos sind die Geschichten Eulenspiegels. Sie laufen sämtlich auf eine Identität hinaus, die erschreckt, nicht auf den teils Gruseln machenden, teils lehrhaften Vergleich. Doch sie rütteln auf. Indem sie es der Phantasie verwehren, sich in der freien Sphäre des Vergleichens anzusiedeln, rufen sie ein Bild von Freiheit auf, das jenseits jener Zustände liegt, die ihre ausweglose Identität beschreibt. Eulenspiegel war kein harmloser Mann. Er war ein Zyniker, vielleicht ein Verbrecher so wie heute Genet, boshaft und geistreich, verschlagen ohne die Sicherungen des Odysseus im Hintergrund. Es sieht aus, als ob er die verrät, die ihm glauben. Aber er war kein »Verräter«, denn er verrät nicht die Menschen, sondern das Selbstzerstörerische ihres Tuns. Er war ein Wahrheitssucher oder (mit dem wunderschönen Wort, das Günther Anders wieder zu Ehren gebracht hat) ein Menschenfreund.

III

Die Schwierigkeit nein zu sagen
als das Problem der Sprache
im Zustand der Sprachlosigkeit

I

Wir fragen: was? warum? wo? und: wielange? Jede dieser
Fragen drückt ein Nichtsein aus. Wir stehen Fremdem
gegenüber, das wir nicht sind. Wir kennen nicht seinen
Grund. Sein Ort ist nicht der unsere. Es kommt und ver-
geht. Aber indem wir so fragen, schlägt seine Fremdheit
auf uns zurück. Auch wir sind dunkel und grundlos. Auch
unser Ort ist nicht der unsere. Auch wir müssen sterben.
Die Fremdheit des anderen, die uns in-Frage stellt, macht
uns solidarisch mit ihm. Es ist unser eigenes Anderssein
wie wir das seine. Wir können sagen, daß in jeder Frage
ein »Antrag auf Solidarität« enthalten ist, denn wir »teilen«
die Erschütterung mit dem, wonach wir fragen. Wir bemerken, daß wir in der Frage, die die Trennung formuliert, uns zugleich mit dem vereinigen, wonach wir fragen.
Wir sind niemals ganz von ihm getrennt – sonst könnten
wir nicht einmal nach ihm fragen –, doch auch die Vereinigung gelingt nie ganz: sie wäre die Aufhebung, nicht die
Beantwortung unseres Fragens. Sprechend sagen wir zur
Trennung »nein«. Jedes Wort, auch wenn es uns aus einer
Situation wortlosen Einsseins zu reißen scheint, ist ein
»nein« zur Trennung. Wir sind nicht eins: nicht mit uns
selbst, dem anderen, einer besonderen Sphäre oder Schicht
des Seins, dem »ganzen« Sein. Wir sind »im« Sein und
doch ihm »gegenüber«. Aber indem wir sprechend uns
mit ihm vereinigen, vollziehen wir den »Anschluß an das
Sein«, mit jedem Wort, mit jeder redenden Bewegung neu.
Darum ist jedes sprachliche Gebilde auch ein onto-logi-
sches: es formuliert nicht nur ein Stück der Wirklichkeit,
sondern verkörpert das »ganze« Sein. Sprache »entsteigt«
nicht dem Sein, weder dem überschäumenden noch dem
»Geläut« der Stille, obschon Überschäumen ebenso wie

Stille Metaphern sein können für die vereinigende Macht der Sprache. Nur der hat Sprache, der getrennt ist vom Sein. Nur dort ist Sprache, wo Trennung überwunden ist. Sprache ist Neinsagen zum Nichtsein.

II

Die Schwierigkeit »nein« zu sagen sei die Schwierigkeit »nein« zu sagen zum Nichtsein: das war unsere Formel. Aber was »ist« Nichtsein? Darf man sagen: Nichtsein »ist«? Parmenides sagt: »nein, es ist nicht«. Doch wenn es »nicht ist«, warum sagt er »nein«? Schärfer noch: wie kann er »nein« sagen? Ist nicht in jedem Nein-sagen Nicht-sein enthalten? Ist das Nein nicht ein Affront gegen das Sein? Bezeugt nicht das Neinsagen gerade die Macht des Nichtseins? – Aber das sind Wortspiele, die sich beliebig fortsetzen lassen. Doch wir stutzen: beliebig? Heißt »beliebig« nicht: ja oder nein sagen können zu dem oder jenem? Ist der Ausdruck »beliebig« nicht einer des Frei-seins vom Sein? (Wenigstens als einem So-und-nicht-anders-sein?) Ist nicht in jeder dieser Bestimmungen Nichtsein enthalten? Wenn es nicht »ist«, warum schillert es dann? Denn es schillert doch zwischen der Drohung gegen das Sein und dem Versprechen des Von-ihm-Frei-seins. – Aber in einer bestimmten Situation, so trösten wir uns, da schillert es nicht. Da wissen wir schon, was wir mit »Nichtsein« meinen. Z.B. der Tod ist eine Drohung, die in einem gar nicht zu bezweifelnden Sinne »Nichtsein« ist. Daß der Tod erstrebt sein könne, ist ein ganz anderer Fall. Das ist eben »Verzweiflung«. – Aber ist Verzweiflung ein »Fall«? Wir fangen sofort an zu fragen: was wurde gesucht: das Ende? Was ist das Ende? Die absolute Grenze (vielleicht das einzig Feste, das bleibt) oder das Ende von Grenzen? Befreiung von Zwang? Aber von welchem Zwang? Dem Zwang, nicht frei zu sein, oder dem Zwang, grenzenlos frei zu sein? – Jetzt schillern auch die Begriffe »Freiheit« und »Zwang«. Wir sind gezwungen zu differenzieren. Aber sind wir wirklich frei, das zu tun? Wer ist hier frei (es ist doch nur ein logisches Unternehmen), und wer zwingt? – Plötzlich sind auch die Begriffe »Subjekt« und »Objekt« im Spiel. Wir werden mißtrauisch: wieso »im Spiel«? Ist Spiel denn eine Kategorie über den beiden? Dann stünde sie an der Stelle, an der eben »differenzieren« stand. Wir sind ins Spiel geraten, weil wir nicht gleich und nicht streng genug differenzierten. – Aber auch dieser Begriff ist doppeldeutig. Wer ins Spiel gerät, ist selbst »im Spiel«. Ist das nicht eher ein Ausdruck des Ernstes als des Spiels? Oder ist das nur eine Unvollkommenheit der Sprache? Ist diese von Natur aus doppelsinnig? Doch was heißt hier, angesichts des Wortes »Sinn«, Natur? War nicht jedes Wort, das wir gebrauchten, doppelsinnig? Aber wenn wir einen Satz sagen, geben wir ihm doch einen bestimmten Sinn. Wieso erhält sich dann noch ein anderer? – Wir haben unsere Sätze eben nicht nachdrücklich genug formuliert. Wir haben uns einem freien Assoziieren überlassen statt einem geregelten Fortschreiten nach Prinzipien. – Doch woher diese nehmen? Und wer sie hat: wie hat er sie gefunden? War das alles außerhalb der Sprache? Drückt diese nur das vorher schon Entschiedene aus? Ist der Mensch dort, wo es um die Prinzipien geht, sprachlos? – Wir versuchen noch einmal, uns zu retten: wir müssen differenzieren und die Differenzen festhalten, statt sie zu verwischen, indem wir jedes Wort in-Frage stellen. Wir suchten eine bestimmte Situation, in der Nichtsein nicht schillert. Aber vielleicht gibt es keine. Und wenn uns einer die Sätze der Logik entgegenhält und vielleicht sogar bemerkt, daß die Unterscheidung von »sinnvollen« und »sinnlosen« Sätzen geradezu eine Antwort auf unser Suchen ist, dann werden wir unser Suchen sofort unterbrechen und uns statt dessen fragen: woher stammt der Drang, der uns treibt, das Zweideutige eindeutig zu machen? Andererseits: wir spielen mit vieldeutigen Begriffen, und nie wird uns die Gelegenheit fehlen, dieses Spiel so zu spielen, daß wir gerechtfertigt sind. Gegen welche Versuchung wehren wir uns, und welcher geben wir nach? Was bedeutet unser Sprechen, wenn es zwischen zwei Versuchungen schwebt: der, zu »spielen«, und der, aus unserem Spielen »Ernst« zu machen, und wenn wir doch auch unser Spielen als Ernst und unseren Ernst als ein »ins Spiel kommen« betreiben? – Aber wir sollten jetzt erst den Begriff »schweben« ersetzen. Die Worte, sobald sie formuliert sind, stehen da. Sie sind nicht Körper, aber sie verkörpern. Sie könnten nichts verkörpern in einer Welt, die körperlos eine ist, und nichts in einer, die ein für allemal fertig ist: ein Gebilde von Körpern. Wenn der Sprechende schwankt, weil er losgerissen ist vom Sein (dieses ist erschüttert, es hat sich plötzlich verdoppelt in seinem Fragen) und wenn er dennoch, mit jedem Wort, von neuem seinen Anschluß an das Sein vollzieht (denn er durchbricht die alten Gegenstände nicht nur, sondern setzt immer neue hin in seinem Fragen): was verkörpern dann die Worte, die nicht innerhalb dieses Prozesses und nicht außerhalb sind, sondern die Momente dieses Prozesses selbst, in deren jedem Welt, und immer neue Welt, zum Vorschein kommt? Sie verkörpern, jedes einzelne von ihnen, Welt. Auch die Worte »Sein« und »Nichtsein« sind eine Verkörperung von »Welt«. Darum sind sie zweideutig, und darum wollen wir sie eindeutig machen: wir wollen »Welt« eindeutig machen in unseren Wörtern. Aber das gelingt uns nicht. – Warum gelingt es nicht? Weil »Welt« gemischt ist aus »Sein« und »Nichtsein«? Weil keine Verkörperung, auch nicht die der Worte »Sein« und »Nichtsein«, die wahre ist? Aber wie dürfen wir das behaupten? Oder steckt eine Behauptung wie diese in jeder Behauptung, auch der Behauptung unser selbst? – Wir stehen wieder an der Stelle, von der wir ausgegangen sind. Doch jetzt fügen wir einen Satz hinzu: Unser »nein« richtet sich nicht gegen das Nichtsein als das ganz Andere des Seins, sondern gegen das Nichtsein als die unwahre, die unzureichende, die unbefriedigende Verkörperung des Seins. Diese, nur sie, ist der Gegenstand unseres Protestes. Aber setzt dann nicht der Protest selbst »Eindeutigkeit« voraus? – O nein. Er stützt sich wohl auf ein Sein, aber dieses ist zweideutig wie jedes andere. Er wird vielleicht in scharfen Worten formuliert, aber diese, nicht minder als das »o nein« des eben formulierten Einspruchs, sind doppelsinnig. Er setzt keine Eindeutigkeit voraus, sondern in ihm, im »nein« des Neinsagenden, spielt sich der Kampf ab zwischen Wahrheit und Unwahrheit, Fülle und Mangel, Hoffnung und Verrat. Daß ich z. B., indem ich so formuliere und in meiner Formulierung die zweite, die erste und die dritte Person der Trinität erkennen lasse, »nein« sage zu anderen Formulierungen, die diese nicht erkennen lassen, bedeutet für meinen Satz, daß sich in ihm eine Welt verkörpert, die dem Nichtsein widersteht kraft der Struktur, die sich in seinem dreifachen »nein« offenbart, das gerichtet ist gegen Unwahrheit, Mangel und Verrat. Die Macht, die mich »nein« sagen läßt, und das Ziel, auf das ich gerichtet bin, sind eines: noch in den Verkörperungen, die ich angreife, stütze ich mich auf sie. Ja ich könnte nicht von »Verkörperung« reden ohne den Protest gegen die mißlungene, die verstümmelte, die verzerrte Verkörperung, und ich könnte gegen diese nicht protestieren, hätte ich nicht einen Bundesgenossen in ihr (schon in dem Anspruch auf Verkörperung, den sie erhebt), der sich mit meinem Protest verbündet. Ohne ihn hätte ich weder den Mut noch die Macht noch das Recht zu meinem Protest.

III

Überlegungen wie diese sind vage, vieldeutig, subjektiv im bodenlosen Sinne des Wortes. Das Ich des Schreibenden drängt sich vor, doch gerade um die verbindende Kraft dieses Ich ist es schlecht bestellt. Daß für den Zusammenhang der Erscheinungswelt wenigstens die synthetische Funktion des »Ich denke«, die der Bewußtseinsidentität, eine Bürgschaft sei, hatte das Erschrecken Humes noch einmal zu bannen versucht, der im Begriff des identischen »Ich« schon die Veranstaltung witterte, die das Grauen vor dem nichtidentischen verdecken sollte[1]. Aber die Anstrengung Kants, gegen dieses Grauen einen haltbaren Damm zu errichten, hat zum Fundament doch nur die Beteuerung: das Ich-denke »müsse« unser ständiger Begleiter sein[2], sonst werde die Welt ihren sinnvollen Zusammenhang verlieren. Wie wenig haltbar dieser Damm gewesen ist, wie der beruhigende Begleiter leicht zum Unruhe stiftenden Doppelgänger werden konnte, zeigt wenig später eine Literatur, die das zerteilte und das verdoppelte Ich, das verlorene und das weggeworfene Ich mit lustvollem Schauder betrachtet. Was hat eine Einheit erschüttern können, die noch für Leibniz[3] gerade so wie für den Cusaner[4] dadurch verbürgt erschien, daß Vernunft die wahre imago dei, Spiegelbild der göttlichen Einheit, war? Wir haben eine Antwort im Ohr, die, in theologischen und ontologischen Begriffen formuliert, doch immer auf den einen Vorwurf hinausläuft: Vernunft habe göttliche Macht beansprucht, sie habe, ein gegen den Schöpfer sich empörendes Geschöpf, die Einheit selbst zu geben versucht, deren sie bedurfte, und sei an ihrer Hybris zerbrochen. Wohl ist der Glaube an die göttliche Macht der Vernunft ausgelöscht. Wir hören den universalen Anspruch, den er vertrat, nur fragmentarisch noch aus den Begriffen heraus, die, wie das Apriori Kants, ihn einmal verkörpert haben⁵. Aber gerade deren Schicksal macht uns klar, daß die Machtlosigkeit solcher Begriffe aus dem vergeblichen Abdrängen jener Mächte rührt, die sie von ihrer Entstehung an erschüttern. Wir können sie mit einem halb mytho-logischen, halb bio-logischen Begriff als Ursprungsmächte⁶ bezeichnen. Sie waren einmal Götter, ehe sie zu Dämonen wurden. Ihnen galt der Kampf der »prophetischen« Aufklärung des Alten Testamentes. Doch sie waren nicht ausgeschlossen von einem Gottesbegriff, der das Dunkel und die Tiefe des Seins ebenso in sich hatte wie Oberfläche und Licht. Der Begriff des lebendigen Gottes lebt in der Spannung von deus revelatus und deus absconditus. Daß die Vernunft, sobald sie als imago des offenbarten Gottes die Dunkelheiten des verborgenen aufzuhellen begann, überall dort, wo ihr das nicht gelang, diese zu verdrängen suchte; daß alles das, was nicht clare et distincte⁷ zu erkennen war, auch nicht göttlich, weil nicht vernünftig sein konnte; hat, statt eine in Dämonenfurcht lebende Welt zu entdämonisieren, Vernunft zu einem Instrument gemacht, das der Wiederkehr der von ihr verdrängten Mächte hilflos gegenübersteht. Die Vertreibung des deus absconditus aus dem Begriff der göttlichen Vernunft, entsprechend der Vertreibung des deus revelatus

aus dem zum Fetisch gemachten Gottesbegriff vernunft-
feindlicher Theologen, hat sich an den Begriffen selbst
gerächt, die, so wie Vernunft einmal imago dei war, jetzt
als imagines der Vernunft deren bedrohte Einheit verbürgen sollten. Darum war der Begriff des »Ich« als der
Bewußtseinsidentität so fragwürdig geworden, darum ist
in einer Bewegung wie der, die sich mit dem Namen Freuds
verknüpft, in nichttheologischen Begriffen ein Versuch
gemacht, dem deus absconditus wieder zu seinem Recht zu
verhelfen. Aber es reicht nicht aus, wie manche analyti-
schen Schulen heute empfehlen und manche gar zu unbe-
kümmerte »Abstrakte« malend demonstrieren, das be-
wußte Ich einfach mit der »Tiefenperson« zu vereinigen,
um beider Herr zu sein[8]. Die Konflikte, denen jenes ausgesetzt ist, drücken sich auch in dieser aus, und die Skepsis
Freuds, der bei jeder Analyse fragte, welchen Preis der
Analysierte für seine Befreiung zu bezahlen habe, war
nicht nur gerichtet an die individuelle Person. Doch wenn
deren Schicksal ein allgemeines widerspiegelt, eines, das
ihr ebenso »geschieht«, wie sie es »hat«, dann ist wieder
eine Chance für den literarischen Gebrauch des Ich, freilich
eines nicht mehr die Vernunftidentität verkörpernden, in
Beschreibung und Analyse des Allgemeinen. Wo der Gebrauch eines der individuellen Bedrohung widerstehenden
»Wir« einen Schutz verspricht, den es guten Gewissens
nicht gewähren kann, dort ist der Gebrauch des ohnmächtigen »Ich«, gerade dann, wenn es nicht um den Genuß an
den privaten Regungen geht, vielleicht die bessere Möglichkeit, dem bedrohten »Wir« Laut zu geben. Das Verbot
z. B., das in wissenschaftlicher Prosa schon über dem Ansatz eines »freien Assoziierens« steht, trifft mit der unkon-
trollierten Rede zugleich den Freiheitsbegriff. Dieser wird,
entgegen den Beteuerungen einer großen idealistischen

Tradition, von vornherein als Willkür interpretiert, Willkür als Zufall und Zufall – denn das ist die Angst der Vernunft vor ihm – als das zweideutige Geschenk dämonischer Mächte. Aber wir dürfen uns auch vor den Funden nicht scheuen, die einem scheinbar willkürlichen Assoziieren entspringen. Sie zu früh »rationalisieren« hieße, der Vernunft einen schlechten Dienst erweisen. Es wäre, mit dem Worte Humes, wieder nur die »Verführung« zur Identität; nicht diese.

IV

Der Versuch, die Gedanken, die mir durch den Kopf gehen, in eine Ordnung zu bringen, macht mir erschreckend klar: weder finde ich in ihnen (oder hinter ihnen oder durch sie hindurch) eine Ordnung, der ich mich anvertrauen kann, noch sind sie ein Chaos, das ich als der Eigentümer meiner Gedanken nach meinem Ermessen ordne (es war Nachlässigkeit, das nicht gleich zu tun, sprechend hole ich das Versäumte nach). Vielmehr stoße ich, sobald ich Ordnung schaffen will, auf eine Vielzahl einander widerstreitender Ordnungen: ein Chaos von Ordnung. Und bei genauerem Hinsehen bemerke ich: jeder Satz, ja der einen anderen anziehende oder abstoßende Begriff, hinter dem verborgen schon ein Satz steht, der mit dem ausgesprochenen nicht übereinstimmen muß, ist eine Ordnung für sich, von keiner anderen ableitbar, auf keine andere reduzierbar. Ich bin zu einem Kampffeld einander im Namen von »Ordnung« widerstreitender Mächte geworden. Meine Schwierigkeit (die Schwierigkeit geordneten Sprechens) ist jetzt nicht, Ordnung aufzufinden oder herzustellen, sondern die miteinander kämpfenden zu versöhnen. Doch im

Namen welcher Macht? Einer höheren Ordnung? Was ist überhaupt »Ordnung«? – Ich gebrauche den Begriff, aber ich gebrauche ihn schon in geordneter Rede. Niemals komme ich in geordneter Rede »hinter« ihn. Ihn aussprechend, übersetze ich schon. Ich kann ihn in unermeßlich viele Sprachen übersetzen und tue das jederzeit, z. B. die Sprache eines aufgeräumten Zimmers oder einer balancierenden Geste oder eines in die Wirklichkeit vorstoßenden, den Vorstoß der Wirklichkeit zum Stehen bringenden Begriffs. Auch der des »Chaos« oder die Kopula oder der unbestimmte Artikel einer beliebigen Sprache drücken an ihrer Stelle eine Ordnung aus, die ihren unbedingten Anspruch erhebt (und die darum mit jeder anderen, ebenfalls den unbedingten Anspruch erhebenden, in Konflikt gerät). – Sprechend übersetze ich in einem fort, von einer Sprache in die andere, aber immer: von Sprache in Sprache. Keiner sehe ich an, daß sie die Ursprache ist. Ich müßte ja beobachten können, wie sie aus sprachlich Ungeformtem oder wenigstens nicht sprachlich Geformtem entspringt. Aber eben das kann ich nicht, denn ich stoße immerzu auf Sprache. Jede Form kann ich übersetzen (wenn ich zögere, dann nur, weil ich zweifle, ob ich der richtigen Sprache mächtig bin), d. h.: sie ist schon Sprache, wie könnte ich sie sonst übersetzen. Und das Ungeformte, das ich in Sprache übersetzen will (die schmerzhafte Regung meines Leibes, die dumpfe Wut, die oft so schwer in Zorn zu übersetzen ist): als »übersetzbar« formuliere ich es erst in dem Moment, in dem es zu mir in einer (vielleicht vieldeutigen, vielleicht kaum vernehmbaren) Sprache spricht. Aber ist das Sprache?

V

Wir »verstehen« einen Begriff nur dann, wenn es uns gelingt, den in ihm verkörperten »Protest« zu übersetzen. Wir nehmen teil an einem Prozeß der Selbstentdeckung und Selbstbehauptung durch das formulierte Nein des Begriffs. Jeder Begriff, auch der des Übersetzens, setzt eine neinsagende Sprache voraus. Wogegen richtet sich der Protest des Begriffs »Sprache«? – Protestari, in der alten gerichtlichen Bedeutung des Wortes, heißt: das Schweigen vor Zeugen brechen, damit Schweigen nicht als Zustimmung mißdeutet wird. Protestari heißt sich zur Wehr setzen gegen ein verstrickendes Schweigen. Der Protestierende, der das zweideutige Schweigen durch eindeutig machende Rede bricht, demonstriert nicht bloß eine Sache, sondern zugleich »für« Sprache. Er demonstriert die Gefahr des Rückfalls in Sprachlosigkeit. Sprachlosigkeit ist das »Nichts«, gegen das sich das Nein des Protestierenden richtet. – Doch wie erreicht der Protestierende sein Ziel? Verträgt sich dieses Ziel mit dem Begriff des »Übersetzens«, der Sprache immer schon vorauszusetzen scheint? Ist nicht der Begriff des Übersetzens ein beruhigender und der des Protestierens ein beunruhigender Begriff? – Das scheint eine Sache der Interpretation zu sein. Doch wir müssen fragen: was ist hier »Interpretation« und was »Sache«? Interpres ist der Unterhändler. Die res, mit der er sich beschäftigt, ist Sache einer Auseinandersetzung, ein Streitfall. Die Sprache des römischen Rechts, ausgehend von Konflikten und auf deren Versöhnung gerichtet (res publica, nicht bloß Gemeinwohl, sondern öffentliche Auseinandersetzung, ist hier der zentrale Begriff), formuliert nicht Lösungen auf unsere Fragen. Doch sie benennt das Problem. Indem sie dem »phainomenon« die »res« und dem »hermeneuein« die »interpretatio« entgegenstellt, bewahrt sie uns vor der gefährlichen Täuschung, daß die Interpretation einer Sache die schlichte Kundgabe dessen sei, was dem gelassen Hinhörenden vernehmbar ist[9]. Sie belehrt uns, daß »eine Sache interpretieren« – oder richtiger: in einer Sache interpretieren – heißt: in einer Auseinandersetzung Stellung nehmen, Unterhändler sein, Frieden stiften. – Wir erörtern den Zusammenhang von Protestieren und Sprache – den Zusammenhang von Nein und Sagen im Begriff des Neinsagens selbst – im Hinblick auf die biblischen Symbole der Sprache und die Schwierigkeiten des Übersetzens im Zustand der Sprachlosigkeit.

VI

Das biblische Symbol der Schöpfung durch das Wort wird unterstützt und erläutert durch ein anderes Symbol: das der Schöpfung aus dem Nichts[10]. Wir müssen fragen: was ist hier »Wort« und was »Nichts«? Was, auf dem Hintergrund dieser beiden Symbole, ist Sprache?

1. – Schöpfung aus dem Nichts ist eine zweideutige Aussage über die Wirklichkeit: sie ist nicht Nichts, aber sie ist auch nicht das ganz Andere des Nichts, sondern durchsetzt von Nichtigkeit. Schöpfung aus dem Nichts ist ein Symbol für endliches Sein, das sich gegen Nichtsein behauptet, obschon es bedroht ist von Nichtsein. Als »geschaffen« hat es teil am schöpferischen Grund des Seins, widersteht es dem Nichts. Doch was bedeutet die Metapher »Nichts«? – Nichts ist hier nicht das me on griechischer Philosophen, das Gegen-Sein, das sich wohl überformen, doch niemals in ein ouk on verwandeln oder ausrotten läßt. Es kann,

entgegen jenem me on, selbst als ein ouk on bezeichnet werden. Das biblische Symbol scheint den Zustand vorauszusetzen, den herbeizuführen die immer wieder scheiternde Bemühung griechischer Philosophen und (in der griechischen Tragödie, die die Unvermeidlichkeit dieses Scheiterns erkennt) hybris war. Aber ist dann nicht auch das christliche Symbol eines der hybris? Oder ist es oberflächlich, weil es den tragischen Aspekt der Wirklichkeit übersieht und ihre dämonischen Züge leugnet? – Die Übersetzungen des ouk on als eines »absoluten Nichts« sind so irreführend wie jede radikale Verwendung des Begriffes »absolut«, die das von ihm Bezeichnete als unerreichbar ausgibt und es dem berechtigten Spott der Skeptiker aussetzt, die trotz angestrengten Sehens nichts sehen. Wir müssen, um das ouk on zu verstehen, fragen nach dem durch das ouk verneinten on. Wir müssen auch die Negation des on zunächst als eine »bestimmte Negation« (Hegel) lesen, um durch sie den totalen (nicht absoluten) Sinn des ouk on zu verstehen. – In der Belehrung, die Parmenides seiner Göttin verdankt (und die uns nicht eine bloß dem Parmenides zuteilwerdende Erleuchtung, sondern ein Programm der griechischen Philosophie zu sein scheint, die sich dem »mythos des Weges« nicht entziehen kann, den ihr Parmenides zeigt), ist das on des ouk on gerade das me on. Der »ist nicht« Sagende sagt zu dem Nichtsein nein, das me on ist. Er wehrt sich »ist nicht« sagend nicht gegen einen logischen Nonsens, sondern gegen die dämonische Bedrohung, die in der griechischen Geschichte viele Namen angenommen hat: den der im Tartaros angeschmiedeten Titanen, den der Ungeheuer, die der Heros erschlägt, den der letztlich widerstrebenden Materie, den der Vielheit und Individuation. Heideggers Frage: warum ist überhaupt Seiendes und nicht vielmehr Sein?[11] ist die Schicksalsfrage des griechischen Denkens. Das on, das es dem ouk on gegenüberstellt, soll so wenig »angefochten« sein von me on wie die Weisheit des Weisen von der Torheit des Toren oder ein eigentliches Selbstsein vom Man. Der Preis, den es dafür bezahlen muß, ist der der Starre und der Entleerung: einer Starre, die Parmenides selbst als Zwang und Fesselung beschreibt, während hinter dem entleerten Sein, das von den verschlingenden archai und den mit Verenden drohenden zweideutigen tele befreien soll, das Bild einer unterweltlichen Schicksalsgöttin sichtbar wird. Angst, das me on in den Begriff des on hineinzunehmen und die abgründige Seite des Seins in jedem Seienden zu balancieren, beherrscht die Versuche der griechischen Spekulation, sich zu erheben zu einem Seinsbegriff, bis zu dem Angst nicht reicht. »Sein« ist das unlebendig Eine; weil von keinen zweideutigen Strukturen berührt, ohne Struktur. Der vergebliche Versuch, das me on in ein ouk on zu verwandeln, macht beide, on und ouk on, zu ouk-ontischen Schleiern vor einer me-ontischen Wirklichkeit.

2. – Das ouk on im Begriff der Schöpfung aus dem Nichts ist nicht das Nichts meontischer Strukturen, sondern Strukturlosigkeit; das ouk dieses ouk on verneint Struktur und nicht allein das Zweideutige in den Strukturen. »Sein« ist nicht von zweideutigem Leben unberührtes Sein ohne Struktur, sondern lebendiges Sein in immer bedrohten Strukturen. Das große Symbol für diesen Seinsbegriff ist das der Schöpfung durch das Wort. Struktur des Wortes und Struktur des Geschaffenen sind eine. Es gibt keine Unterscheidung zwischen sprachlicher Wirklichkeit und Wirklichkeit. Lebendig-Sein heißt an sprachlicher Wirklichkeit teilhaben, aber diese Teilhabe bedeutet für den Menschen, der »nach Gottes Bild erschaffen« ist, Teilhabe

an der Schöpfermacht des Seins durch Sprechen, d. h. nicht bloß »Entsprechen«, sondern schöpferisches Sprechen, und schöpferisches Sprechen in einer sprachlichen Wirklichkeit bedeutet: diese sprechend verwandeln, und die Verwandlung sprachlicher Wirklichkeit, die diese nicht zerstört, ist Übersetzen. Nicht-Übersetzen wäre Verrat an der sprachlichen Wirklichkeit. Plötzlich erkennen wir: Treue halten, dieser zweideutige Begriff, wird zu einem Synonym für Übersetzen. – Wo, wie für Parmenides, Denken und Sagen und Sein eines sind (die Sprache spricht oder das Sein heißt denken, es ist das Selbe), da ist Sein nicht sprachliche Wirklichkeit, bedroht vom Nichtsein der Strukturlosigkeit, sondern das strukturlos sich verstockende »Ist«[12]. Zweideutige Sprache bedroht das verstockte »Ist«: die Sprache der Dialektiker und der doppelköpfigen blöden Menge und selbst die des Parmenides, der sein doppeldeutiges »ist nicht« sagen muß. Aber zweideutige Sprache ist gerade das Nein, mit dem der Übersetzende sich gegen das Nichts zur Wehr setzt. Gegen Sprachlos-Sein, nicht nur die Worte Verloren-Haben, sondern die Struktur des »Wortes«, richtet sich das Nein des Nein-Sagenden in zweideutigen Worten. Sie sind nicht ein Ersatz für das zum Fetisch gemachte Wort des Einen (den der Betriebsame zum Leben braucht und der Nicht-Betriebsame wenigstens zum Missionieren), sondern die Verkörperungen der Sprache selbst, in deren jeder, auch der verzerrtesten, sich ein Protest verkörpert gegen das Sprachlos-Sein. – Gleichsetzungen wie die des Johannes-Evangeliums: des Schöpfungswortes der Genesis mit dem leidenden und gekreuzigten Fleisch und des fleischgewordenen Wortes mit dem Leben, der Wahrheit und dem Weg zur Wahrheit[13] formulieren den unbedingten Anspruch des Protestes. Dem einzigen Weg des Parmenides (zu dem von Nichtsein unberührten Sein) stellen sie als den »einzigen« Weg zum Sein den der unbedingten Treue zu der zweideutigen leidenden und verzerrten Verkörperung entgegen. Sie formulieren in der Sprache der griechischen Philosophie den Protest gegen die griechische Philosophie. Die beiden Worte des Johannes-Evangeliums »Niemand kommt zum Vater denn durch mich« und »Wer mich sieht, der sieht den Vater« bezeichnen die Spannung des Verkörperungsdenkens, seinen Protest gegen eine ungebrochene Wirklichkeit ebenso wie gegen eine Ersatzwelt. Der Begriff des Übersetzens fordert auf, diese Spannung auszuhalten und immer neu zu balancieren.

3. – Der Begriff des Übersetzens macht uns aufmerksam auf den Doppelsinn solcher Begriffe, die einerseits bis in die Tiefe der Wirklichkeit zu reichen scheinen und andererseits in dem Moment bedeutungslos werden, wo wir sie als eine Aussage über die Tiefe selbst oder gar als deren eigenen »Zuspruch« vernehmen. Es ist hier nicht möglich, Seinsbegriffe und Sollensbegriffe zu unterscheiden. Einerseits ist Übersetzen (ebenso wie Verrat) ein beschreibender Begriff. Andererseits formuliert er eine Forderung oder das Ausweichen vor ihr. Wir können sprechend fragen, ob wir verraten oder nicht, denn wir müssen übersetzend fragen, ob wir der Forderung zu übersetzen nachkommen oder nicht. Zwei Geschichten, des alten und des neuen Testaments, formulieren das Problem von Übersetzen und Verrat. – Die Verwirrung der Sprache, die dem Turmbau von Babel folgt[14], ist einerseits die Konsequenz der Vertreibungsgeschichte: erst in ihr endet der paradiesische Zustand der Sprache. Andererseits bezeichnet die den Turmbau begleitende Angst vor der Zerstreuung den Bau des Turmes selbst schon als Verrat an einer Welt der zwei-

deutigen Verkörperungen durch die eine, starre, unzwei-
deutige Verkörperung. Die ihm folgende Verwirrung der
Sprache, die Gefahr des Sich-Verstockens in für ewig
geschiedenen Bereichen der Wirklichkeit, ist schon die
Bestrafung der verstockten. – Die Aufhebung dieses Zustands, die in der Erzählung vom Pfingstwunder berichtet
wird[15], richtet sich nicht gegen die Vielzahl der Sprachen,
sondern gegen deren Verstocktheit. Die Apostel treten
nicht als die Verkünder der einen paradiesischen Sprache
auf, sondern als die Übersetzer der einen Botschaft in
allen Sprachen. Alle Sprachen sind Verkörperungen der
Sprache als der einen sprachlichen Wirklichkeit. Diese
kann in jeder einzelnen verraten werden, die sich gegen die
anderen als die Verkörperungen ihres eigenen Andersseins
und gegen die sprachliche Tiefe der Wirklichkeit selbst
verstockt; aber sie kann auch, wie alle anderen, verraten
werden an die körperlos eine. – Der Mensch, der als ein
Namengeber schon ein Übersetzer ist (ein Problem, das
Benjamin ein Leben lang beschäftigt hat und wohl der
Anlaß war zu seiner Theorie des Übersetzens, derzufolge
alle Bereiche des Seins das Schöpfungswort zurückgeben
an Gott[16]), verfällt zwei Gefahren des Umgangs mit den
Worten: einerseits macht er sie zum Fetisch, so wie Jona
das Wort Gottes; betet ihre Wurzeln an; glaubt sie nur an
den verehrten Ursprüngen rein zu haben. Die Konsequenz
der Unterwerfung unter das Wort ist Sprachlosigkeit als
das Verstocken der Worte und die Verächtlichmachung des
lebendigen Wortes als eines Sprache profanierenden Ersatzes. Andererseits macht er Worte zu Spielmarken, mit
denen er beliebig verfährt, entleert die Sprache, widerruft
ihre vereinigende Macht durch den Verzicht auf Sprache
bei allen bedeutenderen Aktionen. Aber es sind nicht zwei
verschiedene Gefahren, und sie haben die gleiche Konse-

quenz. Die verstockte Sprache befördert die entleerte, die sie verdammt, sie selbst ermuntert zum Ersatz, und die Härte ihres verdammenden Urteils ist oft nur die Folge eines in ihr wachwerdenden ohnmächtigen Protestes. – Das Problem der Sprache im Zustand der Sprachlosigkeit ist die Schwierigkeit, Sprachlosigkeit weder als Sprach-unbedürftigkeit noch als Verlust der Fähigkeit zu sprechen abzutun, sondern sie als die mißlingende Sprache zu er-kennen, die in gelingende übersetzt sein will. Das Nichts der Sprachlosigkeit, gegen das die biblischen Symbole der Sprache protestieren, setzt eine Sprache voraus, die das Nichtsein des Parmenides in sich hat: als die in Verkörpe-rungen balancierte abgründige Macht des Seins. Der alt-testamentliche Gottesname »Ich werde sein, der ich sein werde«[17] ist zugleich ein Name und ein Wort der Sprache. Er ist als eine Aussage nur über den deus absconditus miß-verstanden. Er enthält die Aufforderung, zu übersetzen, um den Bund nicht zu brechen, den in jeder Verkörperung zu halten zugleich bedeutet, ihn mit jeder immer wieder neu zu schließen. Andernfalls wäre die Anrufung Gottes unter diesem Namen die mißbräuchliche Benutzung des Namens. Das Problem der Sprachlosigkeit ist nicht eines der Seinsvergessenheit, sondern eines des selbstzerstöre-rischen Verrats.

VII

Eine Ontologie der Sprache, die aufbaut auf der Dialektik von Treue und Verrat, setzt nicht das unwissende Wort dem wissenden entgegen, sondern das verratende dem nicht verratenden. Das Wort des Wissenden kann das ver-ratende sein und das Wort des Unwissenden das nicht verratende. Es ist nicht die Aufgabe dieses Versuchs, eine Ontologie zu entwerfen, weder eine der Verneinung noch eine der Sprache. Er will auf Schwierigkeiten des Nein-sagens aufmerksam machen, an denen nicht vorbeigehen sollte, wer eine Ontologie der Verneinung oder der Sprache entwerfen will. – Die Chance, nein zu sagen in einer Wirk-lichkeit, deren Identität sich mit der Metapher Schaum umschreiben ließ, war nur gering. Darstellung von Schaum als Schaum, d. h. die Darstellung der mißlingenden Identi-fizierung, schien die einzige Möglichkeit zu sein, nicht Verrat zu üben an den »Schaumgestalten«. Sie gab dem Anspruch der Sich-nicht-selbst-Darstellenden auf Selbst-darstellung und dem Anspruch der Sich-nicht-selbst-Be-hauptenden auf Selbstbehauptung Laut. Doch in dem Mo-ment, in dem wir den Begriff des Übersetzens so ernst nehmen, wie er es verdient, hört »Darstellung« auf, nur ein Ausdruck des Dargestellten zu sein, und wird zu einem Ausdruck des Übersetzens. Identität ist jetzt »sprachliche« Identität, nicht nur eine der die Wirklichkeit verdoppeln-den Sprache, die die Verdopplung sprechend ungeschehen machen will, sondern die einer sprachlich sich verkörpern-den Wirklichkeit. Ihr Anspruch zielt nicht auf die Einheit von Wort und Sein (eine, wo sie gelingt, erstarren machen-de oder verschlingende Einheit), sondern auf die von Leben und Übersetzen. Wie immer schon den Lebens-charakter der Sprache, bezeichnet dieser Begriff jetzt auch den Sprachcharakter des Lebendigen. Sprachlosigkeit ist die Drohung, daß Leben seinen Sprachcharakter einbüßt, d. h. seine Übersetzbarkeit verliert. Das ist das Problem des starren und des lebendigen Wortes in den Religionen, entscheidend für ihren Sakramentsbegriff; und es ist ein aktuelles Problem. – Die Schwierigkeiten einer »sprach-losen Generation«[18] sind nicht lösbar, ja nicht einmal formulierbar in Begriffen, die sich die Einheit von Wort und Sein zum Maßstab nehmen. Diese lassen nur zwei Möglichkeiten zu: entweder das Zerbrechen der Einheit zu beklagen oder Sprachlosigkeit darzustellen als das Gelingen der Einheit, die eines überbrückenden Geredes nicht bedarf. Sprachlosigkeit ist ein kapitulierendes oder ein realitätsgerechtes Verhalten oder beides zugleich. Entweder es gelingt, eine sprachunbedürftige Einheit herzustellen, meditierend oder sich fallen lassend oder aufgehend in der Erfüllung am Arbeitsplatz, oder der Seins-Bedürftige muß sich abfinden mit einer Ersatzwelt. Doch auch das »Gelingen« ist nur eines auf Zeit und Zynismus nicht der Ausdruck des Schwankens, sondern des Versuchs, Schwanken zu vermeiden oder das Unvermeidliche zu vertuschen. – Der Begriff des Übersetzens zeigt einen anderen Weg[19]. Er fordert auf, auch die Schwierigkeiten der sprachlosen Generation unter seinen Maßstab zu stellen. Sprachlos-werden ist mißlingendes Übersetzen. Die Schwierigkeit, nein zu sagen in Zuständen der Sprachlosigkeit, ist nicht nur selbst eine des Übersetzens, sondern hat dieses zum Gegenstand. Mit diesen Worten ist eine Methode angedeutet. Sie fragt nicht nach dem einen Wort des Seins, das die Sprache spricht und dem der Wissende »nachsprechend« zu »entsprechen« hat, sondern nach den gelingenden oder mißlingenden Übersetzungen. Sie sieht z. B. in dem »Springen«, dem sprachlosen Sich-Abstoßen von immer anderen Menschen oder Mächten oder Gegenständen des Interesses nicht nur das unbefriedigende Taumeln von Ersatz zu Ersatz, sondern den mißlingenden Versuch, verstrickende Sprache in eine nicht verstrickende zu übersetzen. Oder sie sieht in dem Sich-Blockieren in einem winzigen Bereich der Wirklichkeit nicht nur die Einpassung oder das Verfallensein an ihn, sondern auch

den Schein der stellvertretenden Meisterung des Teils für
das Ganze. Oder sie versteht die sprachlos machende Faszination zenbuddhistischer Praktiken in Künsten und Le-
bensstil nicht nur als die erbauliche Hinwendung zu dem
sprachunbedürftigen Sein, sondern als die Bezauberung
durch den gerade den stummen, unendlich bedeutsamen
Gegenständen anhaftenden Schein einer universalen Übersetzbarkeit [20]. – Das scheinen Nuancen zu sein gegenüber
anderen Interpretationen. Aber sie bezeichnen den Unterschied der Methode. Indem sie dem Fragen nach »wirklicher« Wirklichkeit oder Wirklichkeitsersatz [21] das Fragen
nach dem gelingenden oder mißlingenden Übersetzen ent-
gegenhalten, protestieren sie gegen Sprachlosigkeit nicht
nur durch Sprechen, sondern durch Sprechen-Machen.
Diese Methode hat eine lange aufklärerische Tradition –
eine, die sich dem mythischen Bild von Aufklärung nicht
fügen will, dem Bilde eines starren Wechsels von Tag und
Nacht – und führt heute verschiedene Namen in Theologie
und Philosophie, in den Theorien und Verfahrensweisen
der Künste, in der politischen, pädagogischen und psycho-
somatischen Praxis. Wir wollen ihr hier keinen neuen
Namen geben, sondern nur ihre aktuelle wissenschaftliche
Aufgabe bezeichnen. Sie fordert auf, die stumme Indifferenz zum Reden zu bringen [22]: sie nicht nur in Bilder des
»Schaums« zu bannen, sondern sie in Begriffe des Übersetzens zu übersetzen. Die Frage der Bundesgenossenschaft ist auch eine Frage der wissenschaftlichen Methode.
Diese kann den Anspruch des Erkennens verraten, indem
sie die Sich-selbst-Verratenden verrät und nicht auch in den
falschen Bundesgenossen nach den richtigen forscht.

Exkurs über Buddhismus als Ausweg

I

Wer die Schaumwelt beschreibt (schon Leben in ihr ist eine Beschreibung), sucht einen Ausweg aus ihr. Der Buddhismus[1] bietet einen Ausweg an, den viele gehen, die ihre kleinen oder großen oder abartigen Interessen haben oder auch nur das eine Interesse, diese alle verächtlich zu machen: Geschäftsleute und Politiker, Künstler und Philosophen. Er verspricht Befreiung nicht von den realen Leiden (diese dauern an, sie werden nicht einmal unsichtbar, und für den, der sie teilt, werden Anleitungen ersonnen, sie zu genießen), sondern von dem einen Leiden, über das keine der Anleitungen trösten kann, die ihm entspringen: dem Leiden an Sinnlosigkeit. Es zu genießen ist nicht erlaubt (das würde den Absatz der Produkte schmälern, die ebenso viele Betäubungsmittel für jenes Leiden sind), es zu betäuben selbst dem versagt, der durch verzweifelte Tricks oder fröhliche Veranstaltungen sich von ihm scheidet. Doch keine seiner Scheidungen gelingt. Auch wenn der Logistiker ein Kriterium ersinnt, das sinnlose von sinnvollen Sätzen scheiden soll, und mit Hilfe dieses Kriteriums den Gebrauch sinnloser Sätze untersagt, auch wenn der Mystiker des wahren Seyns oder des fernen Gottes oder der konsolidierten Gesellschaft Sprachlosigkeit aus einem Leiden in eine Gnade umkehrt (und Mystiker und Logistiker dieser Art bringen unsere Unterhaltungen zum Verstummen, leicht zerstören sie mit der Sprache zugleich unser Leben), so ist doch ebenso die Unterscheidung, die jener trifft, wie das hochmütige Sichbescheiden, das dieser lehrt, ein Ausdruck des Erschreckens vor Sinnlosigkeit. – Manchmal scheint es fast unmöglich zu sein, einen Ausdruck zu finden, der frei davon ist. Noch die Beschimpfungen der Defaitisten (und keine Menschen-

gruppe heute, die nicht ihre Defaitisten hätte, die sie be-
schimpft) sind ein kollektives Abwälzen der Sinnlosigkeit.
Aber wie wenig das gelingt, demonstriert eine Literatur,
die gerade dort fasziniert, wo sie die verhehlte Sinnlosigkeit eingesteht. Aber wer kann so leben? Ein Leben, das
ein Geständnis wäre, sozusagen die negative Form des
Sinnes, wäre nicht weniger bedroht als das Kunstwerk, das
es beschreibt. Es wäre ein Sinnversuch, doch den teilt es mit
allem Leben. »Es kann doch nicht sinnlos sein« ist eine Antwort, die »bleibt«. Aber hat »bleiben« einen Sinn und »nicht-
bleiben« keinen? Hat wenigstens »überleben« einen Sinn?

II

Der Versuch, die vertanen Stunden zu zählen, endet in
Grauen. Nicht die Übermacht des Sinnlosen macht uns erschrecken, sondern die Frage, ob Sinn angesichts solcher
Übermacht nicht ein Lückenbüßer, ein mißlingender Versuch, selbst eine Ausflucht ist. Allerdings warum suchen
wir nach Sinn? Ist das auch Ausflucht? – Der Buddhist
sagt ja. Er sagt, solange wir suchen (und fragen ist eine der
Formen, in denen sich unser Suchen manifestiert), flüchten
wir vor der Erkenntnis, die wir vorgeben zu suchen. Die
vertanen Stunden könnten uns näher an die Erkenntnis
herangeführt haben, als wir uns eingestehen. Nicht eine
Drehung unseres Denkens tut not, auch nicht die Absage
ans Denken, sondern der Ausgang aus dem Stande der
Entzweiung: zwischen Sinn und Unsinn, Denken und
Denkverzicht, Erkennen und Nichterkennen[2]. Nur Metaphern sind die Begriffe, an die der Gläubige sein Herz
hängt: die Erkenntnis des wahren Seins als des großen
Nichts alles Seienden, die Erleuchtung des Buddha. So-

lange er noch sein Herz an diese Begriffe hängt, die er aussprechen, artikulieren und vor der Mißdeutung beschützen muß (darum, in diesem Stande noch die Wächterrolle des Denkens, der Philosophie), hängt er noch im Schein des Entzweiten. Erlösung von der Entzweiung ist erst dort, wo nicht einmal der Begriff der Entzweiung hinreicht. Sprachlosigkeit, Gestorbensein bei lebendigem Leibe (d. h. Leben, aber ohne den entzweienden Leib), Eingetauchtsein ins Ununterschiedene, aber wirklich: Eingetauchtsein, nicht bloß die Rede vom Eintauchen, das ist das Ziel. Hierzu gibt es nicht eine spezielle Vorbereitung, obschon jede der buddhistischen Schulen eine Schule der speziellen Vorbereitung ist. Alle Formen des Lebens, vor allem die der Formlosigkeit nahestehenden, weniger festgefahrenen, weil weniger mit Erinnerungen und Hoffnungen endlicher Ziele aufgeladenen Formen sind Vorbereitungen hierzu. Sich nicht dem Grauen verschließen, das den Enttäuschten überfällt, heißt eine Seligkeit kennenlernen, die zum Freisein von Gelingen und Nichtgelingen, freilich auch zum Freisein vom Genuß der Seligkeit befreit. Wo alle Opfer nicht hinreichen, weil sie immer nur Opfer des Teils, immer weniger als das Ganze sind, dahin reicht das Opfer des Opferns selbst, das auch nicht die Erinnerung bewahrt an Ganzes und Teil. – Mit diesem Opfer wird die Dialektik des Opferns ausgelöscht, als wäre sie nie gewesen. Solange es noch möglich war, den Opfernden und sein Opfer zu unterscheiden (und auch beim Selbstopfer ist das opfernde Selbst nicht das geopferte Selbst), war jedes Opfer Hingabe einerseits und Anschluß an das Ganze, dessen Anspruch durch die Hingabe versöhnt erscheint, Loskauf andererseits und Betrug am Ganzen, dessen Anspruch unversöhnlich fortbesteht und über das Opfer hinaus (über jedes Opfer hinaus) nach dem Opfernden

greift. Das Opfer des Opferns ist das buddhistische Gegenbild der christlichen Rechtfertigungslehre: was hier der Gnadenakt des Sich-Verkörperns, der die Dialektik des Opferns
zum Stehen bringt, ist dort, der Macht des Opfernden ent-
zogen, die ihm als Gnadenakt geschehende Entkörperung.

III

Doch auch der Buddhist braucht Verkörperungen, in
denen ihm das Gelingen seines Opfers vor Augen steht,
Verkörperungen, die Augen haben, unter denen er sein
Leben führen kann. Wo findet er sie? Nicht in einer dem
Nichtsein widerstehenden Welt, wenn Nichtsein heißt:
Teilhabe der Welt an Entstehen oder Vergehen. Sondern
in einer Welt, die dem Nichtsein widersteht, wenn Nichtsein heißt: eine Welt des Entstehens und des Vergehens.
Aber dieses Widerstehen ist nicht Wider-Stehen, es ist
auch kein Zerbrochenwerden, seine Verkörperungen sind
Verkörperungen des Entschwindens und der Vorbereitung
darauf. Von den Naturreligionen nimmt es den Rausch,
das Aufgehen im Überströmen, das liebende und das zerstörerische Sichvermischen, das von der Last der Individuation befreit. Aber Rausch, der nicht mit völligem
Verlöschen endet, erzeugt den Katzenjammer und die Be-
gierde nach neuem Rausch. Darum tritt neben den groben
Rausch, dessen Ziel die Vereinigung ist in der Indifferenz
von Verschlungenwerden und Verschlingen, ein feinerer
Rausch, subtiler und sublimer zugleich, aber, wie Selbst-
beobachtung und die Geschichte der Religionen lehren,
niemals im Gegensatz zu ihm: der Rausch von Meditation
und Askese. Allerdings haben diese beiden Begriffe hier
ihren klassisch-antiken Sinn verloren. Meditatio hat nichts

mehr mit Maß und Messen zu tun, weder dem eines Priesterwissens, das Himmel und Erde im Gleichmaß vereint, so wie es einmal den ewigen Fortbestand der alten orientalischen »Reiche« verbürgen sollte[3], noch dem eines »emanzipierten« Philosophierens, das jenes Gleichmaß im Menschen selbst verkörpert sieht, für das der Mensch ein »autonomes« Individuum ist, weil und solange er jenes Maß verkörpert. Meditatio, ursprünglich »Maßhalten«, wird in der indischen und, dieser folgend, aller östlichen Spekulation zu einer Methode des Aufgehens im Maßlosen. Und Askese verliert hier ihren Sinn, »Übung« des Körpers wie des in ihm verkörperten Geistes zu sein, um beide »in Form« zu halten, eine aller antiken Erziehung notwendige Übung, weil ständig Ungeformtes, me on, widerstrebende Materie formzerstörend die schwachen Formen bedroht, die darum desto vollkommener erscheinen, je höher sie sich über die widerstrebende Materie erheben, freilich auch desto ohnmächtiger werden, je tiefer sie diese unversöhnt unter sich liegenlassen. Askesis, ursprünglich gerichtet auf Form, wird zu einer Praxis des leibhaftigen Entschwindens, die zwar unendlich viele Formen kennt, esoterische und exoterische, deren Sinn aber die Absage des Geformten an die Formen ist; nicht zugunsten des Ungeformten, über das der kultivierte Asket ebenso naserümpfend sich erhebt wie nur ein griechischer Weiser oder dessen moderne Nacheiferer, sondern zugunsten einer nur mühsam zu erreichenden endgültigen Formlosigkeit. Formen, die Form-losigkeit sichtbar machen, weil sie ein Übergang sind, selbst schon entschwindend oder die Sammlung verkörpernd vor dem Entschwinden, können die raffiniertesten Gebilde sein. Doch Natur, die in sie eingeht, ist nicht der Widerstand, den überwunden zu haben, aber als versöhnten sichtbar hervortreten zu lassen,

den Qualitätsbegriff aller abendländischen Kunstwerke
bestimmt, sondern das in die »große Befreiung« brüder-
lich hereingenommene, unter der Verkörperung mitlei-
dende eigene Anderssein. Verkörperungen des Sich-Entkörperns, anschaubar ebenso im Einzelding, das nur den
Schein der Dauer hat, wie in der sinnenverwirrenden Ver-
vielfältigung aller Formen, die dadurch ihre Individuation
selbst widerrufen, bedeuten ebenso die Werke der Kunst
wie die Regeln des Umgangs mit solchen Werken. Wird
das Einzelne fixiert, so nur als Durchgang, als ein Tor zum
Nicht-Fixierbaren. Wandert das Auge weiter, so ist auch
das Weiterwandern eine Übung im »Nichthaftenbleiben«.
Der Rausch der Vertiefung und der Rausch des Darüber-
fliegens, Konzentration und Ermüdung dienen dem gleichen Ziel. Aber was vom Kunstwerk oder Kultbild gilt
(selbst ein Unterschied, der angesichts eines solchen Verfahrens verschwindet), gilt von der meditierenden Betrachtung jedes Stücks der Wirklichkeit, den Worten des
Buddha an seine ungeduldigen Schüler wie all den »unpas-
senden« Antworten berühmter Weisheitslehrer oder Heiliger oder Asketen, die durch unmotivierten Wechsel des
Themas oder Hindeuten auf einen beliebigen Gegenstand
(da dieser Bach, dort der Baum, ein Gefäß, eine Pfütze)
oder auch durch scheinbar uninteressiertes, in Wirklichkeit die Frage selbst zurückweisendes Schweigen Antwort
geben. Man kann dieses Verhalten weder existentialistisch
noch essentialistisch nennen, denn die Spannung von
Essenz und Existenz, die alle Epochen unserer Geschichte
begleitet und die noch in den einseitigsten Formulierungen
des Konflikts (eben dadurch, daß er ausgesprochen wird)
versöhnt erscheint, ist hier nicht die Formulierung zweier
Seiten, sondern nur der einen. Form und Ungeformtes,
Reden und Schweigen, Verändern und Hinnehmen, Sinn-

volles und Sinnwidriges gehören, sofern sie Ausdruck von Konflikten sind oder auch nur der Möglichkeit, solche zu formulieren, auf die eine Seite. Aber eben damit hört diese auf, eine fixierbare »Seite« zu sein. Für den Unwissenden ein Formenchaos, in das er sich verstrickt, ist sie für den »Erleuchteten« nur ein Übergang. Nichts bezeichnet deutlicher den Charakter buddhistischer oder hinduistischer Toleranz, die alles hinnehmen kann, weil es auf nichts ankommt, als die Kritik, die ein berühmter buddhistischer Autor[4] an dem obersten Symbol des Christentums, dem Gekreuzigten, übt: schon die Betonung der Vertikalen, des Standhaltens, des Widerstehens macht den Gekreuzigten untauglich zum Erlösungssymbol. Aber das »Selbst«, das dort gekreuzigt wird, war nur ein »böser Traum«. Der »Feind, der uns unablässig im Alarmzustand hält«, existiert nicht. »Daß Christus aufrecht am Kreuz starb, während Buddha liegend verschied«, symbolisiert den »fundamentalen Unterschied zwischen Buddhismus und Christentum«. Der Liegende kann sich »mit allen Dingen identifizieren«, nicht um endlich ein »autonomes« Selbst zu sein – der Mikrokosmos, dessen Identität die Gleichsetzung des Individuellen mit dem Universalen verbürgt –, sondern um, erlöst vom Fluch der Individuation, in Gemeinschaft einzugehen mit allen Wesen: Identität, die ein anderes »principium identitatis indiscernibilium« umschreibt; eines, dem nichts mehr unterliegt, weil es sich in nichts mehr verkörpert. Der Tod des liegenden Buddha ist so gut ein kosmisches Symbol wie der Tod Jesu als des Christus. Aber wie hier die Erlösung des Kosmos ein Dennoch-Heilwerden, ein Zusichkommen des Kosmos, eine Erlösung zu seiner wahren Gestalt, so ist dort die Erlösung ein Abstreifen jeder Gestalt, die Selbst-Aufgabe des Kosmos in allen seinen Gliedern, seine Erlösung von sich.

IV

Die Schwierigkeit nein zu sagen
als das Problem des Widerstandes
in den Bewegungen der Selbstzerstörung

I

Dem Sprachlosen mangelt die versöhnende Struktur der Sprache. Er hat vor den Schwierigkeiten des Übersetzens kapituliert. Seine Hoffnung richtet sich auf einen Zustand, der keiner Sprache bedarf. Anfangs war sein Verstummen noch der Protest gegen ein nichts fruchtendes Reden der anderen. Später war es der nichts fruchtende Versuch, die sprachlose Welt durch Nichtsprechen in eine sprachunbedürftige zu verzaubern. Erklärungen dieses Zaubers bieten sich jedem an, für den Sprechen eine Gefahr, Nichtsprechen eine Versuchung ist. Er kann nichtsprechend in einen Zustand sprachloser Befriedigung regredieren. Wir erinnern uns an das (von Spitz gedeutete) Kopfschütteln der an Hospitalismus erkrankten Kleinkinder, das nicht Protest war, sondern Regression: Flucht in eine Bewegung, die einmal Befriedigung zur unmittelbaren Folge hatte und die, in einer Situation des unbewältigten Konflikts, den konfliktfreien Zustand früherer Befriedigungen halluzinieren half. So kann eine Regression in stummes Tun »paradiesische« Zustände halluzinieren helfen, indem sie das Verstrickende als dicht, das schon Zerrissene als von Zerreißung unbedroht erscheinen läßt. Dies ist der Paradiesesaspekt, der die Indifferenz in allen ihren Erscheinungsformen begleitet. Wie jede Interpretation der Paradiesesgeschichte, die diese nicht zugleich mit der Vertreibungsgeschichte als eine Beschreibung der menschlichen Situation, sondern als die Schilderung eines noch indifferenten Zustands vor der Vertreibung betrachtet, den Menschen in ein Gefängnis sperrt, in dem dann wirklich nur die ophitische Konsequenz (die Schlange als Erlöser von der Indifferenz) den Ausweg bietet, so ist umgekehrt der paradiesische Zug der Indifferenz verfehlt, wenn diese nur als dumpfe Selbstverstümmelung verstanden wird und nicht zugleich als Traum von einem »einfachen Leben«[1]. Aber Flucht vor der Sprachlosigkeit in die Sprachlosigkeit ist kein Ersatz für Sprache. Solange es nicht gelingt, Sprachlosigkeit zum Reden zu bringen, hat der Versuch, das sprachlose Selbst vor den Folgen des Zerrissenwerdens durch eine verstrickende Sprache zu schützen, selbstzerstörerische Konsequenz. Und auch die Hoffnung, daß unter dem Schutz von Identitätslosigkeit und Sprachlosigkeit ein auf seine »kleinste Größe« reduziertes Selbst überwintern könne[2] (obschon sich viele an diese Hoffnung klammern, weil sie für viele die letzte ist), ist nur gering. In dieser Situation scheint eine einzige Gruppe von Aktionen zu bleiben, in denen das bedrohte Selbst sich selbst als mächtig erfährt: die Aktionen der Selbstzerstörung. – Der Sich-selbst-Zerstörende versucht, der Zerstörung zuvorzukommen. Er sucht die Teilhabe am mächtigen Zerstörungswerk der anderen, ohne sich den anderen auszuliefern. Er rettet die eigene Reinheit in der eigenen Zerstörung. Selbstzerstörung, als die insgeheim erstrebte Konsequenz, liegt schon der narzißtischen Befriedigung zugrunde, und Narzißmus als die Rettung des Teils, das sich zum Ganzen erhebt, doch dem das Ganzwerden erst im Moment des Todes gelingt, ist der geheime Antrieb in vielen Aktionen, für die andere Menschen nur ein Anlaß oder ein Durchgang sind. Auch der Selbstmord (wir können das z. B. an den Schilderungen des stoischen Selbstmords studieren, hinter dem das Pathos der Vernunft steht, die sich mit sich selbst vereinigt) hat oft oder immer einen narzißtischen Zug[3]. Wie für Narziß die Vereinigung mit sich den Tod, so hat der Tod die Vereinigung des Selbst mit sich zur Folge. »Vorlaufend« in den »eigenen« Tod[4] (er ist der einzige, zugleich erste und letzte Widerstand, den es erfährt), kann auch das entleerte Selbst die »Ganzheit« seiner selbst erfahren. Sein Immer-schon-Abgeschlossenhaben wird zu der Bastion, auf die es sich zurückzieht in der Angst vor der Drohung eines nirgends abschließbaren Lebens. Das Pathos des leeren Selbstseins ist nicht minder eines der Indifferenz als das Pathos dessen, der sich wahllos mit Befriedigungen vollstopfend doch nur ein Nichtbefriedigtsein betäubt. – Wir sind geneigt, in Aktionen der Selbstzerstörung den Versuch des Selbst zu sehen (sicherlich einen letzten verzweifelten Versuch), zu sich zu kommen, und die selbstzerstörerischen Rituale Jugendlicher, bei denen hinter der Maske von Ekel und Überdruß oft genug eine geheime Erwartung erkennbar ist, bestärken uns darin[5]. Aber sobald wir dieser Erklärung zustimmen wollen, sträuben wir uns auch schon gegen sie. Selbstzerstörung, so erklärt, scheint ein individuelles Geschehen zu sein oder die Summe derartiger Geschehen. Aber in den Bewegungen der Selbstzerstörung, zu deren mittätigem Objekt wir uns gemacht sehen, scheint das Ziel der Bewegung eine mehr als individuelle Attraktion zu haben. Oder täuschen wir uns? Warum erscheint uns dann (um unsere Frage vorweg in eine nicht ungefährliche Formel zu bringen) das Nichts der Selbstzerstörung nicht bloß als ein »nichtendes«, sondern zugleich als ein »ziehendes« Nichts? – Sobald wir fragen, was es heißt, nein zu sagen zum Nichts der Selbstzerstörung (und um diese Frage kommen wir nicht herum), fragen wir nicht mehr nach einer Position außerhalb – und sei es der des autonomen Selbst, das sich selbstzerstörerisch zur Wehr setzt gegen die Bedrohung seiner Autonomie –, sondern nach dem Widerstand in den Bewegungen der Selbstzerstörung selbst.

1. – Bloch hat, in seiner Ontologie des Noch-Nicht-Seins, alle Bewegung des Seins aus Hunger, Mangel, Durst entspringen lassen. »Nicht-Haben hat alles begonnen, nichts fällt aus ihm heraus, auch nicht das Nichts selber.« Doch was ist das »Nichts«? Im Gegensatz zum treibenden Nicht, das Erfüllung vor sich hat, ist es das isolierte Nicht, das zum Nie-und-Nimmer-Haben »verdinglichte« Nicht des Nicht-Habens. Nicht-Haben, das ein Ziel vor sich sieht, hat die Bewegung der Sehnsucht, Nicht-Haben ohne Ziel die der ziellos sich verzehrenden »Sucht«[6]. – Aber diese Beschreibung ist unvollständig. Bloch, dessen großes Werk alle Stadien der Sehnsucht und der Sucht beschreibt, kennt nur die eine Seite des Mangels, dem »Bewegung« entspringt. Die Metapher weiterbildend, die er selbst am häufigsten gebraucht, müssen wir neben den Mangel des Nicht-Habens sein Gegenbild stellen: den Mangel des Nicht-Gehabt-Werdens. Angst des Nicht-Habens und Angst des Nicht-Gehabt-Werdens entsprechen einander. Der Sucht, die ins Leere geht (und der die Gegenstände schließlich nur der Vorwand sind, sie wegzuwerfen), entspricht auf der anderen Seite eine Bewegung, die auch ins Leere geht (und der die Gegenstände schließlich nur der Vorwand sind, sich ihnen anzuschließen): die Bewegung des »Sogs«. Sie zureichend zu beschreiben, ist die Aufgabe einer Ontologie, die ihm selbst nicht schon so weit verfallen ist, daß sie das Erschrecken vor ihm in die von ihm geschenkte Gnade umkehrt. Das zehrende Nicht des Nicht-Habens in der »Sucht« endet nicht weniger im »Nichts« als das saugende Nicht des Nicht-Gehabt-Werdens im »Sog«. Doch während Sucht betrügt, indem sie ein gesteigertes Leben vortäuscht, hat Sog den offenen Aspekt

des Todes. – Viele Bewegungen unserer Zeit lassen sich als »Sucht« beschreiben. Doch es ist die Frage, ob sie nicht verzweifelte Versuche sind, einem »Sog« zu entkommen. Aber wie entkomme ich dem Sog? – Wir werden mißtrauisch, ob nicht in dem »Entkommen« eine Bewegung sich verbirgt, die in den Sog mitten hineinführt. Es ist die Frage (auf die zurückzukommen ist), ob nicht Sucht das Ausgelöschtwerden durch Sog zum Ziele hat. Aber warum dann der Umweg durch die Sucht? Oder ist es kein Umweg? – Wer die Bewegungen der Selbstzerstörung, denen mühsam zu widerstehen seine Kräfte verzehrt, mit dem Rest der ihm verbleibenden zu beschreiben versucht, der erkennt, daß sie alle die gleiche unbewegliche Bewegung haben: die Bewegung des Sogs.

2. – Wir kennen Sog aus Gespenstergeschichten, Sog an Bahnsteigkanten, Sog vor dem Messerwerk einer ungeschützten Maschine. Wir kennen den Sog des Abgrunds (der nicht mit dem Schwindel zu verwechseln ist[7], dieser Gegenmaßnahme des vom Sog Erfaßten, die, wo sie ihm vorherzugehen scheint, doch nur der Angst vor dem Erfaßtwerden entspringt) und den Sog des Meeres. Die klassische Beschreibung des Sogs hat Edgar Allan Poe gegeben[8]. Der vom Maelström Erfaßte sieht sich an den Innenwänden eines Trichters schweben, der, obschon in rasender Bewegung, stillzustehen scheint. Die mahlende Bewegung des Wasserschlundes hat alle Geräusche verstummen gemacht, mit ihnen die Angst. Unfähig, sich zu rühren, treibt er in sich verengenden Spiralen der Tiefe zu. Grauen und Lockung fließen in eins. Seine Schwierigkeit ist: nicht zu vergessen, daß er das Opfer ist. – Beschreibungen wie diese, die dem frühen neunzehnten Jahrhundert entstammt, sind erst in unserem Jahrhundert Wirklichkeit

geworden. Freud, der den ersten Weltkrieg als die Folge des unterdrückten und in zerstörerische Aggression verwandelten Todestriebes zu erklären versuchte, hat in allen seinen »Analysen« Folgen der Selbstzerstörung analysiert. Sein großes Verdienst ist es, keinen Schnitt gemacht zu haben zwischen dem Geschehen in der kranken Einzelperson und der Krankheit der Zeit. Seine terminologische Enge ist es, daß er, dem früheren Ansatz seiner Trieblehre am Einzel-Ich folgend, Selbstzerstörung bis zum Schluß nur als ein »Trieb«geschehen verstanden hat und nicht als »Sog«. Darum mußte die Erfahrung des Sogs in den Begriff des Triebes selber eingehen und Freud skeptisch sein gegen jeden Versuch des Triebwesens Mensch, einen haltbaren Damm zu errichten gegen den Sog[9]. Als Freud starb, war niemand in Europa, der nicht erfaßt war vom Sog. Wie hat Philosophie, die ihre Augen vor der Angst nicht verschließt, ihn verstanden?

III

1. – Angst tritt in allen Epochen auf und in jedem Menschenleben. Sie ist nicht wegzudenken aus einer Analyse endlichen Seins, sie ist nur ein anderer Name für das Gewahrwerden der eigenen Endlichkeit, einer, der (mit der Metapher Tillichs) deren »Innenseite« bezeichnet[10]. Aber die Frage ist, in jeder Epoche und auch im Menschenleben, wieweit es gelingt, Angst mit Mut zu balancieren. Denn »Mut«, so verstanden, ist nur ein anderer Name für die Selbstaffirmation endlichen Seins trotz der Drohung des Nichtseins. Mut, der Angst so balanciert, daß sie so wenig ihn verschlingt wie Nichtsein das Sein (auch dies sind Metaphern, aber solche, die in einer Zeit wiedererwachen-

den Glaubens an die zweideutige Macht verschlingender Ursprungsmächte unmittelbar verständlich sind), braucht Verkörperungen, in denen das Gelingen der Balance vor Augen steht. So haben Verkörperungen des wiedererstehenden Lebens einmal der Drohung des Todes getrotzt (und tun es in weiten Teilen der Erde noch heute), so Verkörperungen der Gnade, die auch den Sünder annimmt, der Drohung, verdammt zu sein. Zeiten, in denen alte Verkörperungen fragwürdig werden und neue nicht anschaubar sind, die Angst balancieren, sind, wie die Dämonenfurcht der Spätantike oder die Höllenfurcht des späten Mittelalters lehren, Zeitalter einer zu Verzweiflung gesteigerten Angst. Auch im Menschenleben, wo Schwierigkeiten des Sich-Verkörperns im wörtlichen Sinne Phasen der Sicherheit und der Unsicherheit abwechseln lassen, stoßen wir auf das Anschwellen und Abschwellen der Angst. Angst sich zu verkörpern und Entkörperungsangst wachsen ins Pathologische in Situationen ohne Mut gebende vorbildliche Verkörperung. Angst vor einer Angst, die nicht länger balanciert werden kann (und Balance ist jetzt nur ein anderer Name für Sinn) treibt die Verkörperungen, die sich ihr nicht länger aussetzen wollen, in Selbstzerstörung. – Unter diesem Aspekt ist die heute vorwiegende Erscheinungsform der Angst, die der Sinnlosigkeit, Angst in einer Welt sich selbst zerstörender Verkörperungen. Endlichkeit droht nicht am stärksten mit dem leiblichen Enden oder dem nicht endenden Verenden der Seele in Höllenqual, sondern, überall anschaubar, mit dem Zerbröckeln der Verkörperungen, in denen bisher Sinn anschaubar war, in Selbstzerstörung. Angst der Sinnlosigkeit ist die »Innenseite« der in Selbstzerstörung manifest werdenden Endlichkeit. Als das Gewahrwerden des Sogs ist sie auch und gerade dort noch am Werk, wo sie sich auf »Unzerstörbares« stützen will. Wir fragen nach ihrer Erscheinungsform in gegenwärtigen Angstanalysen.

2. – Heidegger hat eine klassische Beschreibung der Angst gegeben. Aber kennt er den Sog? – Diese Frage ist für uns entscheidend. Wir machen uns klar, wo wir in unseren Überlegungen stehen. – Angst der Sinnlosigkeit, in unzähligen Variationen erfahren, ist die Angst einer Zeit, die an die göttliche Macht der Vernunft nicht mehr glaubt, doch auf den Anspruch nicht verzichten kann, den jene einmal zu erfüllen versprach: den Anspruch einer universal gültigen Verkörperung. Aber universal gültige Verkörperung der Vernunft in dieser Welt setzte eine allen ihren Teilen gemeinsame Struktur voraus, und die Anstrengungen der Philosophen, deren Universalität zu retten, konnten nur mit dem Eingeständnis ihrer realen Ohnmacht erkauft werden[11]. Heute scheint die Welt nicht länger eine gemeinsame Struktur zu haben. Sprache (selbst nur ein anderer Ausdruck für sie) hat ihre vereinigende Macht eingebüßt. »I can connect nothing with nothing«: diese Formel des Dichters, der »the waste land« beschreibt[12], ist eine präzise Umschreibung ihres Zustands. Eine andere ist die Formulierung des Philosophen, der, selbst verstummend, Sprache nur noch in einer Vielzahl unverbindlicher »Sprachspiele« sich realisieren sah[13], die mit einem gemeinsamen Begriff zu benennen oder auch nur mit Gemeinsamkeit heischenden Begriffen zu beschreiben, schon eine Verfälschung dieses Zustands (ein Sich-hinweg-Täuschen über das Zerbrechen einer gemeinsamen sprachlichen Struktur) bedeutet. – Tillich hat diesen Zustand der antiken Angst des Todes und der mittelalterlichen Angst der Schuld als eine dritte große Epoche der Angst gegenübergestellt: die Angst der Sinnlosigkeit. Er hat die Frage nach

dem Mut gestellt, der die Angst der Sinnlosigkeit auf sich nimmt und balanciert. Wir versuchen, drei Momente zu beschreiben, die ihr eigentümlich sind: die Angst des Identitätsverlustes, die Angst der Sprachlosigkeit, die Angst der Selbstzerstörung. Die Schwierigkeit nein zu sagen, konfrontiert mit ihnen, ist die Schwierigkeit, nein zu sagen zu dem Nichtsein, das Identitätsverlust, Sprachlosigkeit, Selbstzerstörung heißt. Aber diese drei Momente (die einen Theologen dazu auffordern könnten, sie in dieser Reihenfolge auf dem Hintergrund der Lehre von der Trinität zu erörtern, so wie die drei Epochen der Angst auf dem Hintergrund der Lehre von der Trinität zu erörtern sind) stehen jedes für sich in einer selbstzerstörerischen Spannung und untereinander in einem Verhältnis, in dem eins das andere verschärft. Der vor Identitätsverlust Sich-Ängstigende flüchtet in Identitätsverlust, der vor Sprachlosigkeit Sich-Ängstigende in Sprachlosigkeit, der vor Selbstzerstörung Sich-Ängstigende in Selbstzerstörung. Angst des Identitätsverlustes kulminiert in Sprachlosigkeit und Angst der Sprachlosigkeit in Selbstzerstörung. Doch in dem Augenblick, in dem wir den Begriff der Selbstzerstörung gebrauchen, erkennen wir, daß die Bewegungen, von denen wir ausgegangen sind, sich sämtlich als Bewegungen der Selbstzerstörung und des in Selbstzerstörung treibenden Versuchs, ihr zu entgehen, beschreiben lassen. Wir bemerken, daß sie alle die gleiche Bewegung anzunehmen scheinen: die des Sogs. Wenn Angst der Sinnlosigkeit in Selbstzerstörung treibt und Angst der Selbstzerstörung die Angst ist, sich nicht wehren zu können in der Bewegung des »Sogs«, dann ist die Frage berechtigt, ob wir in Heideggers Beschreibung der Angst auf »Sog« stoßen.

IV

1. – Heidegger beschreibt, wie alle Gegenstände in der Angst entgleiten[14]. Der Sich-Ängstigende ängstigt sich »vor nichts«, »um nichts«. Sprache (wenigstens jene, die »ist«sagend auf Gegenstände zielt) erlischt vor diesem Nichts. Jede gegenständliche Verkörperung »nichtend«, ist es das Nicht des Seienden: des einzelnen wie des Seienden im ganzen. Aber es ist weder das me on, vor dem Parmenides erschrak, noch das ouk on, als das er es vergebens zu verdrängen suchte. Es ist ein Nichts nur, solange wir noch einen »Anhalt im Seienden« suchen und nicht das entscheidende »Opfer« gebracht haben: das des Seienden für das Sein. Für den, der das Opfer gebracht hat, ist »Nichts« nur mehr der neue, der Mysterien-Name für das Sein. – Während Hegel, wo er »Sein« und »Nichts« in ihrer »Unbestimmtheit« übereinstimmen läßt, von ihnen als von zwei »Leeren« sprach (erst der »Unruhe« der »Bewegung« entspringt die artikulierte Daseinsfülle)[15], erfährt Heidegger, darin einer alten mystischen Tradition folgend, in der Leere gerade die Fülle des Seins. Doch wir stocken bei dem Begriff »Fülle«. – Die Frage »Warum ist überhaupt Seiendes und nicht vielmehr Nichts?«[16] formuliert nicht mehr das Staunen über die Macht des Seins, die das Nichtsein in Verkörperungen überwindet, sondern die ontisch-ontologische Differenz als das Problem der fragwürdig werdenden Verkörperung: Warum ist überhaupt »Seiendes« und nicht vielmehr »Sein«? Warum »west« Sein, indem es sich verendlicht? Denn es ist »in seinem Wesen endlich«, doch gerade seine endlichen Verkörperungen sind die »Götzen«, zu denen man sich »wegzuschleichen« pflegt und vor denen man das göttliche Sein »vergißt«. Oder hat es den Vergessenden »verlassen«? – Wir erken-

nen: Heideggers Schwierigkeit ist das Problem einer Verkörperung der Gnade. Im Zentrum seines Denkens steht, unbewältigt, das christologische Problem. Alle Verkörperungen sind zweideutig, Hingabe an die zweideutigen wäre Götzendienst, aber niemand kann leben ohne Verkörperungen, denen hingegeben er Gnade erfährt. Er sucht nach unzweideutigen Verkörperungen der Gnade, doch welchen er sich hingeben mag, jetzt ist seine Hingabe, die die zweideutigen als eindeutige verehrt, Götzendienst. Das ärgerliche und enttäuschende Schwanken Heideggers, das die Konsequenz seines Denkens durchaus nicht mindert, sondern dessen konsequenter Ausdruck ist, ist das Produkt einer Enttäuschung, die ein allgemeines Schicksal widerspiegelt. Wir müssen fragen: was hat das Problem einer Verkörperung der Gnade in Heideggers Analyse der Angst mit der Erfahrung des Sogs zu tun?

2. – Heideggers Analyse der Angst (schon die Eindringlichkeit der Beschreibung und die mehrfach wiederholte Interpretation der Analyse zeigen, daß hier das Zentrum seiner theologischen Arbeit ist) steht in einem zweideutigen Verhältnis zu der Erfahrung des Sogs. Angst »läßt schweben«, sie »bringt das Seiende im Ganzen zum Entgleiten« und uns mit ihm, »alle Dinge und wir selbst versinken« in »Gleichgültigkeit«, »es bleibt kein Halt«. Aber das Nichts, das der Ausgang dieser Bewegung ist, »zieht nicht auf sich, sondern ist wesenhaft abweisend«. Gerade nicht »es«, sondern die entgleitenden Dinge kehren sich uns zu. Dennoch ist über dieses Geschehen die verzaubernde Stimmung einer »eigentümlichen Ruhe« gebreitet, und die hymnische Formulierung von der »hellen Nacht des Nichts der Angst« erinnert einerseits an einen vielgesungenen fragwürdigen Hymnus und andererseits an die

unerwartete Erfahrung der Gnade, die dem schwerverletzten Fürsten Andrej unter dem hohen Himmel auf dem Schlachtfeld von Austerlitz zuteil wird[17]. Zwar Gnade scheint dem »abweisenden« Charakter der Nichtung zu widersprechen so wie der abweisende Charakter der Nichtung dem Sog. Doch der Zwiespalt – der Empfindung und des Denkens – löst sich auf, sobald wir fragen, was das »Abweisen« an dieser Stelle bedeutet. – Das »nichtende Nichts«, der Gott, der die Verkörperungen zu Götzen und die Götzen zu Nichtsen macht, weist nur so lange ab, wie der Sich-Ängstigende sich an seine Götzen klammert. Als das noch »vom Seienden her erfahrene Sein« zieht er an und stößt weg zugleich. Doch der »Besinnliche«, der Heideggers Aufforderung nachkommend dieser »Sache« endlich »denkend« nachzugehen beginnt, erkennt, daß es nur noch eines kleinen Schritts bedarf, um von dem abweisenden angenommen zu werden. Die Abgrundsseite des Seins, vor der sich ängstigt, wer noch an den zerbröckelnden Verkörperungen hängt, wird jetzt als Gnadenseite erfahren. Nur dem, der sich von Unterscheidungen wie Wollen und Nichtwollen, Aktivität und Passivität nicht freimachen kann, erscheint der Prozeß als das »kraftlose Gleiten- und Treibenlassen der Dinge«, als das er dem Sich-Ängstigenden in Heideggers Angstanalyse in der Tat erschien. Erst das große Nicht-Wollen jenseits des kleinen Nicht-Wollens (das als ein Nicht-Etwas-Wollen immer noch ein Wollen ist) macht den Lässigen zum Gelassenen[18]. Doch Gelassenheit – das ist unsere Behauptung –, die sich nicht der Zweideutigkeit zum Trotz behauptet, die nicht auch mit Zorn und angestrengter Aktivität sich verträgt, bedeutet das Einverständnis mit dem Sog. Selber treibend, wird sie eines Treibenlassens nicht mehr gewahr. Die Frage, die in allen späteren Schriften Heideggers gestellt wird und die deren Lektüre zur Erfahrung qualvoller Initiationen macht, ist immer wieder die: Bin ich angenommen, endlich angenommen, oder leiste ich noch immer Widerstand? Bin ich vielleicht noch immer zu sehr Ich, um angenommen zu sein? Hänge ich vielleicht noch immer an verdächtigen Strukturen, und sei es der Struktur des Wortes? – Die verzweifelte Bemühung, Sprache, die sich gegen das Verstummen sträubt, durch Sprache zum Verstummen zu bringen, scheint nur die Schwierigkeiten anzudeuten, in die der wortreiche Verteidiger wortlosen Einsseins gerät. Oder ist es schwierig, in den Sog hineinzukommen? So stark der Sog seiner späteren Schriften auch ist (sie wollen nichts anderes sein als die kunstvolle Wiedergabe des Sogs, in den hineinzuführen sie beanspruchen, ja dessen Erscheinen), so wenig kann er doch die Herkunft ungeschehen machen, der er entspringt: die aus Enttäuschung. Es ist nicht einfach, mit Enttäuschung fertigzuwerden. Es ist vielleicht nicht einfach, in den Sog hineinzukommen, selbst wenn es fast unmöglich zu sein scheint, ihm zu widerstehen. Zum Verständnis des Prozesses soll das Verhältnis von Sucht und Sog in unserer Gesellschaft erörtert werden.

V

1. – Der Enttäuschungsprozeß der Sucht, von Bloch als das zum Nichts sich verstockende Nicht des Immer-wieder-noch-nicht-Habens beschrieben, scheint so wenig ein Ziel zu haben wie der von uns so benannte Prozeß des Sogs. Der Begriff Prozeß, fragwürdig in beiden Fällen, scheint auf mehr nicht als die Selbstbefriedigung hinzudeuten, die dem Süchtigen oder dem vom Sog Erfaßten

die Gewißheit gibt, nicht zu stagnieren. Doch auf dem Hintergrunde eines Denkens, das nur in Verkörperungen ein Fortschreiten erfährt, scheinen Sucht und Sog gefährlicher als Stagnation zu sein. – Wir spüren eine Zielstrebigkeit des Süchtigen, die uns verwirrt. Einerseits findet er nicht die Befriedigung, die er sucht, und auch die Mittel, die ihn betäuben sollen, können sein Unbefriedigtsein nicht betäuben. Andererseits scheint er die Enttäuschung geradezu zu suchen. Er scheint nicht nach Befriedigung, sondern nach Enttäuschung süchtig zu sein. – Sucht, der die Gegenstände schließlich nur ein Vorwand sind, sie wegzuwerfen, ist uns vertraut aus den Erfahrungen eines übersteigerten Konsums, der die Formel der Gier, das Haben-Wollen um jeden Preis, in ihr Gegenteil verkehrt. Wo Vereinigung durch Haben oder Hingabe nicht gelingt, muß alles, was sich in den Weg stellt, als der Vereinigung widerstehend vernichtet werden. So zielt eine Technik der Reklame, die sich diese Erfahrung wissend oder unwissend zunutze macht, nicht mehr auf die Erweckung des Wunsches zu besitzen, sondern auf den geheimen Vernichtungswunsch. Stellvertretend für die angepriesenen Produkte stellt sich die Reklame in den Weg. Doch sie hätte ihr Ziel verfehlt, wenn nicht auch in der Bewegung der Sucht eine Erwartung spürbar wäre, die nicht aufgeht in der zerstörerischen Rache an allem, was der Vereinigung widersteht. – Der Konsumierende sucht nicht mehr den »Umgang« mit den Dingen, sondern schafft sie »aus der Welt«. Mit ihrer Entfernung entfernt er die Struktur, in der sie stehen, an der er nicht teilhaben kann. Doch er kommt nicht an sein Ziel. Die scheinbar beseitigten wachsen nach wie die Köpfe der Hydra. Sie scheinen das zu sein, was die zweideutige Wirklichkeit für den griechischen Heros und den griechischen Philosophen war: ein me on, das in ein ouk on zu verwandeln nicht gelingt. Aber dem Mißlingen des Versuchs entspricht nicht Einsicht in die hybris, ihn unternommen zu haben (diese Einsicht ist »tragisch«, sie war das pathos der griechischen Tragödie, dem nur ein Wiedergeburts-Mysterium die Waage hielt[19]), sondern Lust, den mißlingenden fortzusetzen. Die Lust des Süchtigen läßt uns vermuten, daß die Bewegung des Mißlingens gesucht, wennschon nicht selbst das Gesuchte ist. Dem Süchtigen genügt es nicht, die Gegenstände »aus der Welt« zu räumen, er will den Gegenständen, die er aus der Welt räumt, nach. Er sucht, durch die Bewegung des Sich-Enttäuschens hindurch, den Anschluß an eine »ganz andere« Bewegung. – Die Befriedigung des Süchtigen ist nicht das Zerstörungswerk. Sucht, vor allem die des autonomen Selbst, das, an seiner Autonomie zweifelnd, die Vereinigung durch Haben nicht erreicht und vor der Hingabe zurückschreckt, sucht die Bewegung, die von beidem befreit. Sie sucht, über ein in Gier verzerrtes Haben hinaus die Vereinigung in einer verzerrten Hingabe zu erlangen. Ihr Haben-Wollen ist nicht mehr ein Haben-Wollen von »etwas« und ihre Hingabe nicht mehr Hingabe an »etwas«. Enttäuschung ist das Mittel, dieses Ziel zu erreichen. Sie ist das Mittel, sich von einer Welt der enttäuschenden Verkörperungen freizumachen. Auch das zerstörerische Ansichreißen ist auf ein Hingerissenwerden aus; der Auslöschende will selbst ausgelöscht werden; die Befriedigung, die der Süchtige erstrebt, ist das Hineingezogenwerden in den Sog.

2. – Beide, Sucht und Sog, reichen in die Abgrundsseite des Seins. Verzichtend auf die Gnade, die diese in Verkörperungen balanciert, drücken sie Enttäuschung aus an den Verkörperungen, die nicht mehr balancieren. Auch sie

streben nach Vereinigung, doch enttäuscht von der Vereinigung, die in den mißlingenden Verkörperungen verzerrt erscheint, streben sie nach Vereinigung in einer Abgrundsgemeinschaft der Dinge. Die Metapher »Abgrundsgemeinschaft« ist hier gewählt, um die Attraktion des Formlosen und Ungestalteten verständlich zu machen, die unterirdisch Menschen und Menschen und Menschen und Zustände zueinander führt, die, scheinbar wider Willen sich zerstörend, in Wahrheit die Geborgenheit in dieser Gemeinschaft suchen. Zerstörung und Selbstzerstörung haben das gleiche Ziel: sie sind beide nur ein Schritt auf dem Weg zu dieser Gemeinschaft. – Sucht ist die von den Verkörperungen enttäuschte Bewegung des Sich-Entkörperns, die Gnade sucht in der Abgrundsseite des Seins; Sog die das Sich-Entkörpernde in sich einsaugende Bewegung, die ausgeht von der Abgrundsseite des Seins. Unsere Definitionen: die der Sucht als des zum Nichts sich verstockenden Nicht des Nichthabens und die des Sogs als des zum Nichts sich verstockenden Nicht des Nicht-Gehabt-Werdens, sprechen beide vom Nichts als dem Nie-und-Nimmer einer Halt gebenden Verkörperung. Sie setzen ein Verkörperungsdenken voraus. Für ein Denken, das der Enttäuschung an den Verkörperungen entspringt, ist dieses Nichts nurmehr der »Schleier des Seins«[20]. Der von allem Enttäuschte will »Nichts« haben, er will: das Sein. Er will die Vereinigung, die erst gelingt, wenn er auch angenommen wird von dem, worauf sich die enttäuschte Sehnsucht richtet. Das Nichts-Haben-Wollen ist jetzt ein Vom-Nichts-Gehabt-Werden-Wollen, die Formel des Sogs bezeichnet mit der Abgrundsseite zugleich die Gnadenseite des Seins. Aber ist das Gnade? – Ehe wir das aus der Erörterung von Sucht und Sog sich ergebende Problem des Gnadenbegriffs erörtern, soll das Problem der Entkörperung schärfer gestellt werden. Es ist die Frage, ob ein von Verkörperungen enttäuschtes Denken, dem es nicht mehr gelingt, die Balance herzustellen, nicht immer noch einem anderen Begriff der Gnade untersteht als ein Denken, das diese Balance niemals herstellen will. Es ist die Frage, ob es nicht einer ganz anderen Dialektik der Selbstzerstörung gehorcht als ein Entkörperungsdenken, das diesen Namen verdient. – Freud hat versuchsweise ein radikales Entkörperungsdenken erörtert. Wir machen uns die Schwierigkeiten des von ihm entworfenen Modelles klar.

VI

1. – Das Zurücksinken, das Freud mit dem zweideutigen Begriff des »Todestriebs« beschreibt[21] (zweideutig, weil der Begriff des Triebes, den wir z. B. im Affekt als eine Wirklichkeit erfahren, die bis in die Abgrundsseite des Seins hinabreicht, eine zu beschreiben scheint, die aus ihr aufsteigt, und nicht eine, die in sie zurückfällt), ist nicht weniger auf Vereinigung aus als die »Zusammenfassung des Organischen zu immer größeren Einheiten«, die Freud als die eigentliche Leistung des »Lebenstriebs« vermutet. Das Problem, das Freud nicht lösen will, doch das sich hinter allen seinen Zweifeln verbirgt, ist das einer teleologischen Gemeinsamkeit der beiden Triebe. Auf den ersten Blick das einer monistischen oder dualistischen Interpretation der Wirklichkeit, verbirgt es hinter sich die Frage nach dem Primat eines Verkörperungs- oder Entkörperungsdenkens. – Freud erschrickt vor der zerstörerischen Macht des Wiederholungszwanges, die dem Lustprinzip ebenso wie dem Realitätsprinzip zu widersprechen scheint,

und schließt aus ihr auf einen »konservativen Charakter«
des Triebes. Trieb (darin das Gegenbild des uns vertrauten
Bildes vom Triebe, z. B. des »Treibenden« in den Analysen
Blochs) scheint die Äußerung einer »Trägheit« im organischen Leben zu sein, die an alten oder uralten Zuständen
festzuhalten und jede vorwärtsdrängende Bewegung durch
Wiederholung einzufangen und unschädlich zu machen
sucht. »Trieb« will die Ruhe des Anorganischen wieder-
finden. – Die Bewegung des Lebenstriebes scheint dem
konservativen Charakter des Triebes zu widersprechen.
Oder ist es kein Widerspruch? Ist nicht auch sie auf einen
Zustand todesähnlicher Befriedigung aus, eine alle Spannung lösende endgültige Entspannung? – Wenn auch der
Lebenstrieb den aufgegebenen anorganischen Zustand vor
der Katastrophe des Unruhe stiftenden Lebens zum Ziele
hat (vielleicht war Leben nur ein Kunstgriff des Anorganischen, sich gegen eine Störung zu wehren), ist auch der
Lebenstrieb nur ein »Umweg zum Tode«, im großen wie
im kleinen: auch Sprache, Denken, Selbstbewegung der
individuierten Substanz wären dann nur ein »Umweghan-
deln«; der Versuch, die verwehrte unmittelbare Vereinigung, die Sprache, Denken, Selbstbewegung zum Verschwinden brächte, durch eine mittelbare zu ersetzen; ein
niemals gelingender, doch unablässig fortgetriebener Versuch. – Wäre es so, wie Freud es um der konsequenten
Erörterung eines Gedankens willen (denn kein Denken
darf sich vor den Konsequenzen fürchten) probeweise
formuliert, dann wäre erst der »Weg nach rückwärts« (das
ist jetzt Freuds und nicht mehr Heideggers Vokabel) die
»volle Befriedigung«. Alle Versuche der Lebensbewälti-
gung wären nur Folge einer erzwungenen »Verdrängung«
des Triebes, »Entwicklung« ein Phantom und »Kultur«
das Produkt, das abgefallen ist bei dem Versuch, mit einer

Ruhestörung von kosmischem Ausmaß – dem Leben – fertigzuwerden. Der natürliche Zustand ist jetzt der Tod, die Rückkehr, das Verlöschen, und alle Modelle des Glücks sind Modelle des Todes, eines Zurücksinkens in Schlaf und Schoß. Allem Leben wäre die »unverbesserliche und natürliche Richtung zum Abgrunde eingeboren«, über die, ein sich nicht länger sträubender Sokrates, Gustav von Aschenbach in vorwegnehmendem Traume seinen kleinen Tadzio-Phaidros belehrt[22]. – Der Begriff »Trieb« ist hier nur ein anderer Ausdruck für Zurücknahme. Nicht mehr das Individuum, das selbst lebendige, sondern Unlebendiges durch es hindurch will erlöst sein von der Last des im Individuum sich manifestierenden Lebens. Aber der Begriff »Wollen« ebenso wie der Begriff »Trieb« sind falsch gewählt (hier ist nichts, das will oder treibt außer einer unerklärlichen Störung), die Zurücknahme ist nicht mehr als ein gehemmtes In-sich-zurück-Fallen. Rätselhaft bliebe die Identifizierung auch nur eines Lebendigen mit diesem Ziel.

2. – Doch ein Blick auf Freuds Lebenswerk zeigt, daß das Problem der Zusammengehörigkeit von Lebens- und Todestrieb eine andere Antwort findet[23]. Der Begriff der von ihm angestrebten »Heilung« wäre unverständlich ohne sie. – Neurosen sind Ausdruck einer gestörten Vereinigung, eines Sich-zurück-Ziehens auf einen der Vereinigung unbedürftigen Zustand, einen von keinem »Nein« bedrohten »Rest« eigenen Seins. Sie sind Krankheit, denn der Sich-selbst-Reduzierende leidet unter der Reduzierung. Doch er setzt dem Heilenden einen doppelten Widerstand entgegen, der einer doppelten Angst entspringt: der vor der Vereinigung und der vor der Isolierung. Das Bollwerk, mit dem er sich in seiner Neurose umgibt, soll ihn

zugleich vor dem Risiko der Vereinigung schützen und
ein Ersatz sein für die mißlingende. Gerade dies ist die
Schwierigkeit der Therapie: daß sie den Kranken immer
wieder neu zum Bundesgenossen gewinnen muß, denn der
Arzt, der seine Ersatzbildungen angreift, ist nicht nur sein
Helfer, sondern auch sein Feind. Heilung gelingt erst dann,
wenn es gelingt, die mißlingenden Vereinigungen in gelingende zu übersetzen, statt sie durch immer wieder
anders mißlingende zu ersetzen. Der Begriff der Heilung
sähe fundamental anders aus, wenn alle Vereinigungen nur
ein Ersatz wären für die mißlingende völligen Erlöschens.
Hier wäre Heilung das resignierende Sich-Abfinden mit
dem Ersatz und Krankheit gerade der Versuch, mehr
haben zu wollen als bloß einen Ersatz. – Tatsächlich gehen
manche tiefenpsychologischen Lehren (und nicht nur sie)
vom Primat der Ersatzbildungen aus: die ursprüngliche
Einheit ist zerstört, und alle späteren sind ein gegenüber
dem verlorenen Ursprung indifferenter Ersatz. Aber das
ist nicht der Standpunkt Freuds. Es ist für ihn als Arzt
selbstverständlich, daß er den Standpunkt des Übersetzens
einnimmt und nicht den des Ersatzes. Er sucht nach einer
immer wieder neuen Balance, und seine Forderung, das
Es in Ich zu übersetzen, formuliert den Primat der erkennenden Vereinigung auch mit der Abgrundsseite des Seins
vor einer Vereinigung durch Erlöschen.

VII

Wir kennen zwei Begriffe der Vereinigung. Der eine zielt
mit der Beseitigung der Trennung zugleich auf die Beseitigung des Getrennten. Gnade ist Ausgelöschtwerden, sie
ist die gelingende Entkörperung. Der andere zielt auf die

Überwindung des Trennenden, die das Getrennte auch in der Vereinigung bestehen läßt. Gnade ist die in der Vereinigung des Getrennten gelingende Verkörperung. Im ersten Fall ist jeder Versuch, eine Balance zu finden, gnadenlos. Im zweiten Fall ist Gnade das Gelingen der Balance. Aber diese Balance ist keine dauernde Balance, sie muß immer wieder neu gefunden werden, ihre Schwierigkeiten sind die Schwierigkeiten der Verkörperung. – Verkörperung mißlingt, wenn sie, der Abgrundsseite des Seins verfallend, sich fallen läßt, oder wenn sie, die Abgrundsseite des Seins verdrängend, sich verstockt. Jede Erschütterung der Balance (am nachhaltigsten in unserer Zeit das Zerbrechen des aufklärerischen Harmonieglaubens) läßt nach den verstockten Resten greifen, die vor dem Zerbrechen bewahren sollen. Entkörperungsangst treibt in einen sich verstockenden Begriff der Gnade. Dieser Begriff bezeichnet das christliche Gegenbild zur griechischen hybris: die Hybris einer fraglos gültigen statt einer fragwürdigen und dennoch Halt gebenden Verkörperung. Enttäuschung an ihr (schon an dem unaufhebbaren Zwiespalt, in den sie mit allen anderen ebenso verstockten treibt) läßt den Enttäuschten das, wovor er sich geängstigt hat, als Gnade suchen. Entkörperung, die die Enttäuschung ungeschehen machen soll, ist jetzt das Ziel des Enttäuschten. Aber der neue Gnadenbegriff, selbst nur die andere Seite des verstockten alten, provoziert den gleichen Fanatismus wie er. Alles, was an das Mißlingen der Verkörperung erinnert, treibt den Enttäuschten in Haß und Selbsthaß hinein. Er ruht nicht eher, als bis alle Verkörperungen aufgelöst sind in »Schaum«. – Schaum, unsere Metapher für Identitätsverlust, bezeichnet jetzt die Zubereitung für den Gnadenstand. Er ist, wie die Brandung um den Trichter des Maelströms, eine Zone, in der es nicht mehr möglich ist, zu unterscheiden, ob sie dem Sich-Sträuben oder dem Angesogenwerden entstammt. Er bezeichnet nicht einfach das Fehlen des Widerstands, sondern die Interferenz der Widerstände. Er ist eine Präparierung auf das widerstandslose Opfersein, und die Solidarität, von der Enzensberger einmal spricht in seinem Anruf »brüder im schaum«[24], ist die Solidarität der Opfer. – Unsere These lautet: »Schaum« ist nicht die Folge einer entleerten Wirklichkeit, die sich abwendet von Gnade, sondern die Folge einer verstockten Wirklichkeit und eines zum Fetisch gemachten Gnadenbegriffs. Er entspringt weder dem Überdruß an den Verkörperungen noch einem neuen oder alten Entkörperungsdenken, sondern einer Hybris des Verkörperungsdenkens. Sprachlosigkeit ist durchaus nicht die Folge einer sich verflüchtigenden, sondern einer verstockten Sprache. Erst die aus Angst vor Sprachlosigkeit sich verstockende Sprache treibt in das Nichts der Sprachlosigkeit hinein. – Die hier verwendeten Begriffe beschreiben einen Prozeß der Selbstzerstörung. Er unterscheidet sich von anderen, die wir kennen, denn er ist gefährlicher als sie. Er entspringt nicht nur der Enttäuschung an einer Balance, die Jahrhunderte hindurch zu halten schien, sondern der Enttäuschung des Glaubens an die Balance. Immer wieder sind Balancen zerstört und damit Menschen der Selbstzerstörung ausgeliefert worden, die an Verkörperungen festgehalten haben, in denen einmal Balance anschaubar war. Dieser Prozeß unterscheidet sich nicht grundlegend von dem Geschehen der Selbstzerstörung in einer individuellen Neurose. Doch für einen Glauben, für den in jeder einzelnen Verkörperung, gelingend oder mißlingend, die Balance anschaubar ist, weil jede einzelne eine, wenn auch verzerrte, Verkörperung der Gnade ist, bedeutet die Enttäuschung an der Balance zugleich die

Enttäuschung an einer Welt der Verkörperungen. Darum ist Selbstzerstörung heute nicht mehr nur eine partielle, sondern eine universale Gefahr. Darum fordert die Frage nach dem Widerstand in den Bewegungen der Selbstzerstörung nicht nur konkrete Antworten, sondern eine universale Antwort.

Anmerkungen

Man wird dem Verfasser vorwerfen, daß er die Disziplinen vermenge: Lyrik, Logik, Psychoanalyse; Ontologie und Ethik; Religionswissenschaft und Kulturkritik. Man wird ihm vorwerfen, daß er die Sphären vermische: des menschlichen Leibes und der menschlichen Seele, Natur und Geschichte, ethische und ästhetische Sphäre, Theorie und Praxis. – Ich habe nur eine Verteidigung: daß alle Bereiche, Sphären, Disziplinen, ohne die wir hilflos ausgeliefert wären den Mächten der Natur und unser selbst, nicht endgültig scheiden. Daß wir fragen können: was in ihnen trifft uns unbedingt? Welche Erschütterung zwingt uns, diese Sphären und Bereiche, gerade sie und keine anderen, zu unterscheiden? Worauf antworten sie? Was offenbart sich in ihnen? Wovor schützen sie uns? Was würde geschehen, wenn sie nicht wären? – Das sind Fragen, die eine Religionsphilosophie stellen muß. Wer die Ähnlichkeiten archaischer Kulte untersucht, muß auch fragen können nach der Ähnlichkeit des Rituals in gegenwärtigen Kulten. In Fremdheit und Nähe des nur scheinbar Vertrauten wird er Fremdheit und Nähe seiner selbst erfahren. Es wird ihm nicht verwehrt sein dürfen, alle »Hervorbringungen« der Kultur nach den archai zu befragen, die sie hervorgebracht haben, und wenn er in ihnen göttliche Mächte erkennt, so wird er fragen müssen, warum gerade diese Mächte verehrt werden und wieweit die Macht der verehrten reicht. Er wird eine polytheistische Gesellschaft nur untersuchen können, indem er die Frage stellt, wie Menschen in einer polytheistischen Gesellschaft »Heil« finden: woran sie sich klammern, wovon sie enttäuscht sind, woran sie zerbrechen. Das alles sind Fragen, die wir ständig fragen, die jeder Mensch, der in einer polytheistischen Situation lebt, durch dieses sein Leben stellt und beantworten muß. – Wenn Wissenschaft bedeutet »methodisch« fragen, so heißt solche Fragen stellen immer:

einen Weg schlagen durch ein Gestrüpp. Denn jene Mächte verwehren ein Fragen, das sie in Frage stellt. Es wäre wunderschön, wenn das Fragen nach ihnen systematischer geschehen könnte, als es hier geschieht. Bewundernd stehe ich vor einem Werk wie der Systematischen Theologie von Paul Tillich, die noch einmal eine Theologie der menschlichen Gesellschaft gibt. Sie stellt solche Fragen und gibt Antworten auf sie. Ich könnte, in Zustimmung und Kritik, mich an einige Fragen und Antworten dieses Werkes halten. Aber mir kommt es hier auf etwas anderes an. Ich gehe von den Erfahrungen einer eng begrenzten Situation aus: den Erfahrungen mit einer bestimmten Art von Indifferenz, die sich, einige Jahre nach dem zweiten Weltkrieg, in Deutschland ausgebreitet hat. Diese Erfahrungen bestimmen alle Erwägungen, die hier angestellt werden. Sie können geradezu als ein Kommentar zu jenen Erfahrungen gelesen werden. – Nachdem in Deutschland die Chance verpaßt worden ist, mit wissenschaftlichem Ernst und nicht nur in einer eigens dazu bestellten Disziplin die Frage zu stellen, wie die zerstörerische Bewegung, die sich zuletzt die nationalsozialistische nannte, möglich war (und nur dieses Fragen hätte den Angehörigen meiner Generation etwas genützt), scheint es mir jetzt eine Aufgabe von hohem wissenschaftlichem Wert zu sein, sich durch den Panzer der Indifferenz hindurchzufragen, der eine Folge unserer Versäumnis ist.

Die hier vorgelegte Arbeit könnte auch sehr anders aussehen. Sie könnte sich zusammensetzen aus einer großen Zahl von Quellen und Belegen, und sie wäre, wenn der Verfasser den Ehrgeiz gehabt hätte, die von ihm durchgearbeitete Literatur auszubreiten, ein Zitatenschatz. Aber der Verfasser war von einem anderen Ehrgeiz geleitet. Er wollte durch eine größere Zahl von Reizwörtern und Redewendungen, Anspielungen auf allgemein gebräuchliche oder gerade nur einzelnen Autoren eigentümliche Begriffe gemeinsame Haltungen und Verhaltensweisen deutlich machen. Die vorgelegte Arbeit beansprucht, eine religionswissenschaftliche Untersuchung unter religionsphilosophischer Fragestellung zu sein. Sie hat es mit der

Schwierigkeit eines kaum oder nur mit Mühe abhebbaren Objektes der Forschung zu tun: den religiösen Bewegungen einer Gesellschaft, die nominell in Angehörige christlicher Konfessionen und Dissidenten zerfällt, doch deren Glaubenskämpfe gerade dort nicht anschaubar sind, wo ihre Mitglieder als Angehörige christlicher Konfessionen oder Dissidenten handeln. Das Problem einer Erfassung des Gegenstands wird noch verschärft durch die Stellung des Erfassenden zu seinem Gegenstand: er fragt nach einem Gegenstand, der ihn in Frage stellt. Ob es ihm gelingt, den Gegenstand zu treffen, wird erst erkennbar sein, wenn es ihm gelungen ist, die Differenz zwischen der »privaten« Erfahrung (auch der des Lesers, nicht nur seiner selbst) und den »objektiv« nachweisbaren Tatbeständen verschwinden zu lassen. Das ist keine methodische Unsauberkeit, sondern eine Konsequenz aus der Dialektik von Teilnahme und Mitteilung im Fragen nach einem derartigen Gegenstand. Die hieraus sich ergebenden Probleme hat der Verfasser in seiner Dissertation (einem »Versuch über das Fragen und die Frage«) darzustellen versucht. – Aus diesen Schwierigkeiten erklärt sich auch der Versuch, zwischen verschiedenen Darstellungsweisen, subjektiven und objektiven, direkt formulierenden und verfremdenden, zu »springen«. Der Ton des »Berichts« und der »Reflexion«, und hier wieder der der »Meditation« und der »Analyse«, wechseln oft unvermittelt, doch niemals planlos. Häufig ist ein derartiger Wechsel durch Gedankenstriche in den Texten markiert. Sie sollen nicht Absätze ersetzen, sondern betonen das Festhalten am Gegenstand trotz Wechsels der Perspektive. – Quellenangaben bei einem Verfahren wie dem hier angedeuteten könnten uferlos sein oder sich auf den Nachweis einzelner in Anführungszeichen gesetzter Stellen beschränken. Es ist schwer, hier eine Balance zu finden. Oft schien es dem Verfasser fraglich, ob Belege das Wiedererkennen erleichtern oder erschweren würden. Der Exkurs über die »Quellen der Belehrung« z.B. ist so gebaut, daß er nicht nur den Ablauf der Arbeit paraphrasierend vorwegnimmt, sondern in knappster Form Einwände, Bedenken, Ansätze der

Theorienbildung diskutiert. Zugleich ist die im ersten Teil dieses Exkurses versuchte sorgfältige Schilderung des der ganzen Arbeit zugrundeliegenden menschlichen »Modells« die Unterlage für die beiden folgenden Teile und macht diese, die sonst bloße Impressionen wären, erst als systematisch zusammenhängende verständlich. Belege, die hier wirklich Impressionen gewesen wären und selbst keine Quellen, hätten das Verständnis nur erschwert.

Durch den ganzen Versuch hindurch zieht sich eine Auseinandersetzung mit den Positionen Tillichs, Heideggers, Horkheimers und Adornos. Sie hat Gründe, die hier kurz bezeichnet werden sollen. Die Haltung des Verfassers orientiert sich an der apologetischen Haltung Tillichs (apologetisch, weil ihr Nein noch eine Verteidigung des im Verneinten verzerrten Ja bedeutet). Diese apologetische Haltung ist eine Konsequenz der christologischen Lösung des trinitarischen Problems. Demgegenüber ist die Position Horkheimers und Adornos, wennschon christologisch terminiert durch die Terminologie Hegels, eine Formulierung des prophetischen Protestes, der zwar den Glauben an die Ursprungsmächte bricht, doch, auf den kommenden Messias wartend, nur Verkörperungen der Erwartung kennt. Dieser Position ist jede Apologie des Verneinten als vorschnelle Versöhnung verdächtig. Ihr Protest ist heilsam, und die hier vorgelegte Arbeit verdankt ihm viel. Doch er kann auf das Problem der Gnade (das immer eines der verkörperten Gnade ist) nur die Antwort geben, daß sie in der unbeirrbaren Erwartung gegenwärtig sei. Die Position Heideggers endlich ist eine des Schwankens zwischen den verehrten Mächten des Ursprungs und einem Sich-Erheben über diese Mächte zur indifferenten Ursprungsmacht des einen Seins. Als ein Prozeß schmerzlicher Enttäuschungen (denn der Gnadenbegriff schwankt jetzt zwischen verkörpertem Zwang und entkörpernder Leere) ist Heideggers Denken ein so faszinierender Spiegel unserer Erfahrungen (und zugleich ihr bedeutendster und begrifflich klarster Spiegel), daß eine unterirdische Diskussion mit ihm in zahlreichen Begriffen aus seinen Schriften hier ans Tageslicht tritt.

1   Heidegger-Stellen. – »Vorstellen« und »verstellen«:
Was heißt Denken? Tbg. 1954, im Zusammenhang der Inter-
pretation von Nietzsches »Blinzeln«; das nach-stellende
Vorstellen (charakteristisch für unsere Zeit) verstellt das
Sein (S. 30 ff.); es kommt darauf an, vom Sein immer das
Selbe zu sagen (S. 20). – Zuspruch des Feldwegs: »Feld-
weg« ist terminus nicht nur in der bekannten kleinen
Schrift (Frf. a. M. u. Butzbach 1953), sondern auch sonst;
z. B. im Nietzsche-Aufsatz der *Holzwege*, Frf. a. M. 1950,
S. 194. – Zur Sprache: *Unterwegs zur Sprache*, Pfullingen
1959; dort der »eigentliche Schritt zurück« der in das
»Zerbrechen des Wortes« (S. 216); die immer wiederkeh-
rende Betonung des »gehörenden« Hörens (im *Feldweg*:
»Hörige ihrer Herkunft« und nicht »Knechte von Ma-
chenschaften«; in der Einleitung zu *Was ist Metaphysik?*
Frf. a. M. 1949⁵, S. 12: das »denkendere« Denken ein »dem
Sein höriges Denken«) im ganzen Buch sowie in dem vor
Kriegsende geschriebenen Dialog über *Gelassenheit* (»Aus
einem Feldweggespräch über das Denken«), Frf. a. M.
1959. – Zu den teils taoistisch, teils zenbuddhistisch klin-
genden Wendungen: alle späteren Schriften; z. B. das »Wehen der Stille«, das »reine Entzücken der rufenden Stille«
in dem *Gespräch von der Sprache* anläßlich der Erläuterung
des Japaners »koto ba... Blütenblätter...« für Sprache
(*Unterwegs zur Sprache*, S. 142 ff.); »Geläut der Stille«: l. c.
S. 30; Lauten aus Läuten: S. 208; usw. – Als eine unter
unzähligen Parallelen (der Formulierung, nicht des zurück-
gelegten Wegs): »Gibt es nun Sprache oder nicht? Können wir sie vom Gezwitscher junger Vögel unterscheiden
oder nicht?« (Tschuangtse, zit. bei Lin Yutang, *Laotse,* als
Kommentar zum Tao, dtsch., Frf. a.M./Hambg. 1955, S. 41).
– Zu den Wurzeln: ein »wurzelhaftes, dem Wirklichen zu-
gekehrtes Denken« (*Vom Wesen der Wahrheit,* Frf. a.M. 1949²,
S. 5); eine Gleichsetzung, die sein ganzes Werk charakterisiert.

I Das Problem des Versuchs als Einführung in die Schwierigkeit nein zu sagen

1 Parmenides wird zitiert nach dem Text von Diels-Kranz, *Fragmente der Vorsokratiker* I, 1954[7]. – Die beiden Wege: frg. 2; die Mischung beider: frg. 6; die Schilderung des Seins: frg. 8; der mythos des Weges ($\mu\tilde{v}\vartheta o\varsigma$ $\delta\delta o\tilde{\iota}o$): frg. 8, 1; die Schilderung der doppelköpfigen blöden Menge: frg. 6. – »$\Delta i\varkappa\varrho\alpha\nu o\iota$« (6, 5) bezieht zwar die ›Dialektiker‹ ein (s. die Anspielung 6, 9 »$\pi\alpha\lambda i\nu\tau\varrho o\pi o\varsigma$« auf Heraklit frg. 51), aber setzt sie durchaus der Masse gleich. Wichtig für den in dieser Arbeit geschilderten Versuch des Parmenides, das $\mu\dot{\eta}$ $\check{o}\nu$ in ein $o\dot{v}\varkappa$ $\check{o}\nu$ zu verwandeln (entscheidende Stellen: frg. 2, 3; dazu 6, 1 f.) ist die Interpretation der Anspielung frg. 6, 9: Heraklits $\pi\alpha\lambda i\nu\tau\varrho o\pi o\varsigma$ $\dot{\alpha}\varrho\mu o\nu i\eta$ ist nicht Gegensatz zu dem Parmenideischen $\mu\tilde{v}\vartheta o\varsigma$ $\delta\delta o\tilde{\iota}o$, sondern ein Weg zum gleichen Ziel, nur unvollkommener in den Augen des Parmenides. Denn Heraklit vereinigt in dem genannten Fragment die beiden Aspekte des Apollon, den tödlichen und den lebenbewahrenden Aspekt (Bogen und Leier) in einem keiner dieser beiden Seiten unterliegenden Gesetz ($\dot{\alpha}\varrho\mu o\nu i\eta$), aber für Parmenides, den Schüler des großen Theologen Xenophanes, ist das nicht genug: die Nennung beider Seiten bleibt meontische Bedrohung. Das Heraklitische tao bewahrt zu sehr die Erinnerung an den Zwist der göttlichen Ursprungsmächte, die es versöhnen soll; ihn wollte schon Xenophanes (Xen. frg. 26) durch den unbeweglich einen Gott (den unbewegten Beweger später des Aristoteles) vergessen machen, und Parmenides spricht dies deutlich aus.

2 Die hier verwendeten Begriffe »gegenüber« und zugleich »in« spielen eine Rolle in der Dissertation des Verfassers: *Versuch über das Fragen und die Frage,* Bln. 1952, ungedr. – Obschon unbefriedigend in der Durchführung, war ihr ontologischer Ausgangspunkt – das dort so genannte »Gegenüber-und-in-zugleich« – ein Protest

gegen jedes Auseinanderreißen von konkretem Seienden und universalem Sein (S. 93/94); vgl. die Balance von Vergegenständlichung und Entgegenständlichung (Gegenstandsbegriff S. 114; dazu S. 126) und den Protest gegen jedes exklusive Wissen (vor allem letztes Kap., z.B. S. 213 f.). Der Protest gegen ein verratendes Wissen bestimmt das ganze Märchen-, Mythen- und Sagenkapitel sowie den Solidaritätsbegriff des 4. Kapitels und die Sokratesdiskussion; zur Auseinandersetzung mit Heidegger vgl. S. 104 und »Anmerkungen« S. 70, Anm. 22; zum Sprachbegriff: S. 105 ff.

3 Entscheidende Stellen: frg. 2, 3 (ὡς οὐκ ἔστι μὴ εἶναι); dazu 6, 2 (μηδὲν δ'οὐκ ἔστιν). – Hier wird ein allgemeiner Zug des griechischen Denkens getroffen, der im Laufe der Arbeit vertieft werden soll; vgl. dazu bes. das Sprachkapitel (VI). Wir sehen hier die Gemeinsamkeit der philosophischen und mythologischen Bemühung und ihr gemeinsames Scheitern: der Heros, der die meontischen Ungeheuer (philosophisch: das meontische Un-Geheuer) der Welt auszurotten unternimmt, wird von den schon besiegten hinterrücks ereilt (Herakles vom tödlichen Blut des Nessos, Oidipous vom Rätsel der Sphinx, selbst Odysseus in einer alten Erzählung vom Rochenstachel, dem durch Teiresias prophezeiten »Tod vom Meer«; Od. λ 134 ff.). Der Begriff ὕβρις bezeichnet die frevelhafte Vergeblichkeit solchen Unternehmens: nicht einmal die Götter vermögen es. Darum ist hybris nicht nur: sein wollen wie Götter, sondern mehr sein wollen als Götter. Die hybris des Aeschyleischen Xerxes z.B., der Brückenschlag über den Hellespont (durchaus ein Versuch, das bedrohliche me on in ein ouk on zu verwandeln: zur Strafe müssen die Perser des Aischylos überall, bei Salamis und auf der Flucht, ertrinken) war nicht bloß ein Eingriff in den Bereich des Poseidon, sondern der Versuch, die Trennung in Bereiche, der auch die Götter unterworfen sind (jeder ist der Gott seines eigenen Bereichs), ungeschehen zu machen. Das Individuationsprinzip ist meontisch schon an seiner polytheistischen Wurzel und nicht erst in seiner späten Aristotelischen Formulierung, wo die Vielheit des

entdämonisierten Seienden eine so dämonische Bedrohung bleibt wie für den über alle Vielheit zum starren Einen sich erhebenden Parmenides. Der tragische Aspekt in seiner Philosophie, die Rache für seine hybris: das göttlich Eine liegt jetzt selbst in Fesseln wie die Titanen im Tartaros (frg. 6, 26). Eine finstere δαίμων steht in der Mitte des Weltenspiels (frg. 12), und ihre Herrschaft ist sehr viel weniger blaß und erhaben als die des Xenophanischen νόος (Xen. frg. 24/25). – Das Entdämonisierungswerk der Parmenideischen Theologie wird in der Übersetzung von Diels nicht genügend deutlich: das verwirrende IST und NICHT IST dieser Übersetzung (8, 8 ff. geradezu irreführend) läßt die Parmenideische Theologie manchmal als ein bloß logisches Unternehmen erscheinen. Als dieses hatte Karl Reinhardt (*Parmenides und die Geschichte der griechischen Philosophie,* Bonn 1916) es in der Tat gesehen. Aber auch Werner Jaeger, der Parmenides ausdrücklich als einen Theologen behandelt und verwundert Reinhardt zitiert (*Die Theologie der frühen griechischen Denker,* Stg. 1953, S. 107 ff.) vermag es nicht, ihn in eine Geschichte der griechischen Religion hineinzustellen. Während Reinhardt in Parmenides einen Denker sah, der »keinen Wunsch kennt als Erkenntnis, keine Fessel fühlt als Logik, den Gott und Gefühl gleichgültig lassen« (dies, obschon Aristoteles berichtet, daß er der Schüler des Xenophanes gewesen sei, und Diogenes Laertios, daß er dem Ameinias ein Heroon gestiftet habe, von seiner Himmelfahrt ganz zu schweigen) und ausgerechnet ihn zu den rücksichtslosen Zergliederern zählt, weiß Jaeger (dessen Absichten allerdings nicht recht klarwerden) ihn nur mit dem Begriff des »Mysteriums« zu verteidigen: »Ein Theologe wird freilich in diesem Mysterium den Gott vermissen, aber lebendiges religiöses Empfinden wird dennoch diese reine Ontologie als Offenbarung und echtes Mysterium gelten lassen und sich von dem Seins-Erlebnis des Parmenides wirklich in seiner Tiefe berührt fühlen – m. a. W. das Religiöse liegt hier zunächst mehr in dem menschlichen Ergriffensein und in dem entschiedenen Verhalten zu der Alternative von Wahrheit und Schein als in der göttlichen Klassifizierung des Objekts als solcher« – um dann sphinxhaft fortzufahren: »Aber letzten Endes liegt für einen Griechen der Grund für dieses religiöse Verhalten des Erkennenden ... doch in der Würde und Bedeutung des Erkannten; usf.«. Leider fehlt der ganzen Darstellung Jaegers der dunkle Hintergrund der griechischen Religion, wie ihn (von Bachofen und Nietzsche zu schweigen) z.B. Jane Harrison (schon 1903: *Prolegomena to the Study of Greek Religion,* Cambridge) oder eindrucksvoll Dodds (*The Greeks and the Irrational,* Berkeley 1951) und Kerényi in allen seinen Schriften zeigen. Darum – um wenigstens einen Beleg zu geben – rätselt Jaeger mit vielen Worten (l.c. S. 139) an dem »tertium comparationis« des schon angezogenen frg. Her. B 51 (παλίντροπος ἁρμονίη ὅκωσπερ τόξου καὶ λύρης) herum und übersieht, daß Heraklit hier als ein Theologe des Apollon spricht, obschon Heraklit selbst (z.B. frg. 93: der Herr des Delphischen Heiligtums »οὔτε λέγει οὔτε κρύπτει ἀλλὰ σημαίνει« – das heißt hier nicht »deutet an«, wie Jaeger mit einem Goethewort plausibel macht, l.c. S. 140, sondern »bedeutet«; richtig Diels –) sich als einen solchen zu erkennen gibt (dazu auch das Dionysos-Hades-Mythologem – denn Dionysos ist der andere »Herr« in Delphi – frg. 15) und die beiden Attribute Bogen und Leier wie keine sonst die beiden »gegenstrebigen« Seiten des Apollon (des Musenführers und des Fernhintreffenden, des Schwanes und des Wolfs, des Pestbringers und des Städtebauers – sein Leierspiel läßt Mauern wachsen –) bezeichnen. Dazu vgl. den Apollonhymnos, wo dies ausdrücklich formuliert und viele Male verdeutlicht wird: gleich der Neugeborene erklärt diese beiden (V. 131) zu seinem Eigentum (dort zwar nicht λύρη, sondern κίθαρα, aber in der Hymnendichtung, s. den Hermeshymnos, wechseln beliebig κίθαρα, λύρα, φόρμιγξ); ferner die zahlreichen Anspielungen Pindars; die enge Verbindung von Apollon und Harmonia (Kadmos-Hochzeit; Apollonhymnos 194ff.; etc.). Für die wölfische Seite des Apollon – des lykischen – vgl. die schönen Darstellungen Kerényis in seinem *Apollon*-Buch (Neuausg. Düsseld. 1953); Belege überreichlich bei Preller,

Griechische Mythologie, 1860². Der große Schilderer des Apollon, Walter F. Otto (*Die Götter Griechenlands,* Frf. a. M. 1947³), kennt selbstverständlich beide Seiten; aber er läßt sie, idealisierend, in einer verschwinden: Bogen und Leier bezeichnen beide das Fernhintreffen (des Pfeiles und des Gesangs), d. h. »die Ferne«, d. h. »geistige« Entrücktheit, »Reinheit«, »vornehme« Distanz. Darum wird das Heraklit-Zitat (l. c. S. 77) durchaus nur als Beleg für die »Verwandtschaft beider Instrumente« herangezogen, und diese werden schließlich in eines aufgelöst. Der m. E. entscheidende Zug – die dem Parmenides noch nicht genügende Harmonie des Gespannten – tritt nicht hervor, denn hier ist keine Spannung, an der sie hervortreten könnte. – Diese Bemerkungen dienen nicht der Kritik an so verehrungswürdigen Altphilologen wie Karl Reinhardt, sondern der Kritik an einer fast unbegreiflich zerrissenen Situation der Forschung in der Erforschung gemeinsamer Gegenstände.

4 Zur Himmelfahrt des Parmenides: frg. 1 (vgl. in diesem Zusammenhang auch die schamanischen Himmelfahrten sowie im Zusammenhang der Odysseusgeschichte – Exkurs – auch die schamanischen Unterweltsfahrten: ein Zusammenhang, der bisher kaum gesehen worden ist; die erste bemerkenswerte Verbindung zwischen griechischem Glauben und Schamanismus – z. B. für die Gestalt des Orpheus – schlägt Dodds in seinem genannten Buch). – Snell hat die Himmelfahrt des Parmenides ernstgenommen: als eine »Fahrt ins Licht und zur Offenbarung«. Er billigt ihm die »religiöse Ergriffenheit« zu (merkwürdigerweise sogar »stärker als bei Homer und auch bei Hesiod, von Xenophanes zu schweigen«), aber, getreu der Grundthese des Buches (*Die Entdeckung des Geistes,* Hambg. 1955³), gilt das ganze Unternehmen nur der Offenbarung eines »reinen Denkens«: »Damit ist die intelligible Welt in ihrer Eigenständigkeit entdeckt« (l. c. S. 297 ff.). – Zur Sinnenfeindschaft des Parmenides: frg. 7/8; vgl. dazu u., Text, Anm. 30 zum II. Kapitel. – Zum mythischen Modell der Aufklärung, dem starren Wechsel von Nacht und Tag: frg. 1, 10–15; vgl. auch das Gegenzitat von Hegel, Text,

Anm. 15 zum IV. Kapitel. – Sonnentöchter (Ἡλιάδες κοῦραι): frg. 1, 9; hierzu vgl. Kerényis Studie *Töchter der Sonne,* Zürich 1944.

5 Nietzsche, Formulierung aus den *Dionysos-Dithyramben,* »Ruhm und Ewigkeit«, Str. 4, Ende (Ausg. der *Werke* von Schlechta, München 1955, II S. 1263). – Das »Ewige Ja des Seins«, dieses einzige »Gebot« (»Ewiger Bildwerke Tafel«, »Höchstes Gestirn des Seins«, »Schild der Notwendigkeit«) ist ein zugleich hymnisches und verzweifeltes Ja-Sagen. Das Ja-und-Amen-Lied im III. Buch des *Zarathustra* singt der »Genesende«, dem seine Tiere den großen Kreislauf des Seins (das »Rad«, das immer gleiche »Haus«, das ewig sich erneuernde »Jahr«, den ewig sich treubleibenden »Ring« des Seins) verkündet haben. Er hat sich schon vor seinem Zusammenbruch den »Fürsprecher des Kreises« genannt. Nun, im »ungeheuren unbegrenzten Ja- und Amen-Sagen« (*Zar.* III, *WW* II 415) durchkreuzen sich taoistische Einung und selbstverstümmelnde Beschränkung: dem großen Erden- und Menschen-Mittag und seinem »heiligen« Ja-sagen steht die Aufforderung entgegen: wegsehen; nichts an sich herankommen lassen; »sich trennen, sich abscheiden von dem, wo immer und immer wieder das Nein nötig würde«; nicht »reagieren« (schon »Igel« sein ist zu viel, »Stacheln zu haben eine Vergeudung«; *Ecce homo,* »Warum ich so klug bin« 8, *WW* II 1093/94). Dort enthüllt sich der große Erden- und Menschen-Mittag als selbstzerstörerischer Krampf: »Wegsehen sei meine einzige Verneinung. Ich will irgendwann einmal nur noch ein Jasagender sein« (*Fr. Wiss.* IV, »Zum neuen Jahre«, *WW* II 161). Es ist die Zuflucht des Mannes, der den vergeblich Gott suchenden Diogenes – den »tollen Menschen« mit der Laterne am hellen Vormittag – das Grauen eines Fallens in Richtungslosigkeit schildern läßt: »Stürzen wir nicht fortwährend? Und rückwärts, vorwärts, nach allen Seiten? Irren wir nicht durch ein unendliches Nichts? Haucht uns nicht der leere Raum an? Ist es nicht kälter geworden? Kommt nicht immerfort die Nacht und mehr Nacht? Müssen nicht Laternen am Vormittage angezündet werden?...« (*Fr. Wiss.* III 125, *WW* II 126f.).

– Wir wollen hier nicht Nietzsche interpretieren, sondern nur die Position seines Ja feststellen. Er hat nicht den »Mittagsgedanken« der »Mittelmeerischen«, den er inbrünstig ersehnt. Camus, der ihn zu haben glaubt und ihn der Hoffnung entgegenstellt, die ein Entsagen ist, weil ein Sich-Betrügen um die Fülle, der »Verzicht« auf einen »gegenwärtigen Reichtum«, mißversteht sich selbst als einen der »unwürdigen, doch beharrlich treuen Söhne Griechenlands« (*Literarische Essays*, bes. *Heimkehr nach Tipasa*, dtsch. Hambg. o.J.; *L'homme révolté*, dtsch. Hambg. 1953, S. 283 ff.). Die Balance seines »Mittags« entstammt den »foedera aeterna« des Vergil (in dessen Interpretation der Deukalion-Geschichte, *Georgica* I 60 ff.): einer Geschichte wie Natur behandelnden, mühsam erkämpften Balance, die erkauft wird durch Verzicht auf jede Veränderung. Nietzsches »Mittag« will Veränderung vergeblich ungeschehen machen. Doch er wehrt sich zugleich gegen den Sog, der den »leeren« Raum und die sich verbreitende »Nacht« zu einem Gnadenraum und einer »hellen Nacht« werden läßt (vgl. hierzu die Heidegger-Interpretation im letzten Kap., IV; dort das Zitat). Sein »Übermensch« ist nicht der in diese Gnade Hinüberschreitende, als den Heidegger ihn zeichnet, sondern die Überwindung des Erschreckens vor ihr, die Nietzsche selbst nicht gelang.

6   Jaspers, *Descartes und die Philosophie*, Bln. 1937, S. 18; vgl. dazu die Erörterung im Descartes-Teil meiner Diss., Anm. 74, Nr. 8.

7   *Jona*; der letzte Vers des letzten Kapitels in der Übersetzung Luthers: »Und mich sollte nicht jammern Ninives, solcher großen Stadt, in welcher sind mehr denn hundertundzwanzigtausend Menschen, die nicht wissen Unterschied, was rechts oder links ist, dazu auch viele Tiere?«

8   Eine bekannte Autorin (Margret Boveri, *Der Verrat im XX. Jahrhundert*, Hambg. 1956 ff.) füllt vier Bände, in denen sie wahllos alles beschreibt, was »Verrat« genannt wird, ohne sich die Frage vorzulegen, worüber sie schreibt.

9   *Jon.* 4 – Das bedeutsame letzte Kapitel des Jona-Buches hat zweimal die Frage nach der »Billigkeit« des Zornes: 4, 4 und 9; wir sehen: Zorn ist eine Aktualisierung der

Liebe, die verzerrt sein kann zu Haß und Selbsthaß (4, 3 und 8: »Denn ich wollte lieber tot sein als leben«). Eine Erörterung der Affekte, nicht auf dem Hintergrund der griechischen Lehre von den Tugenden und Lastern, sondern einer Theologie des Alten Testaments, kann hier ansetzen.

10   z.B. Marx, *Frühschriften,* Stg. 1953, S. 90.

11   Die Trennung von »heilig« und »profan« kann ebensowohl Erschütterung formulieren wie Besitz verteidigen. Das Bild des »naiven Pansakramentalisten«, der eines Tages das »Nichtheilige« entdeckt und so in eine »Krise« stürzt, die ihn das Sakrament durch Scheidung »retten« und dadurch »Religion« begründen läßt (Buber, in seiner *Deutung des Chassidismus,* Bln. 1935, S. 79/80), verzerrt nicht nur den »Primitiven«, sondern »Religion«. Buber will, mit Recht, vor dem »Zurück« in einen selbstbetrügerischen Pansakramentalismus warnen (er zeigt, auch die chassidische pansakramentale Existenz ist kein solches Zurück). Aber den naiven Pansakramentalisten hat es nie gegeben. Religion ist mißverstanden als die Folge eines Zerbrechens. Den bedrohten Besitz verteidigend, wird sie in die Dialektik von Ursprung und Ersatz gedrängt (vgl. u. Text, Sprachkapitel, VI und VII). Das Sakrament ist nicht Folge eines Bruchs, sondern Antwort auf Gebrochenheit; es verteidigt nicht den ungebrochenen Besitz (der so verteidigte ist schon verloren), sondern versucht, Gebrochenes zu versöhnen; sakramental ist nicht diese oder jene Sphäre, sondern eine Dimension in allen Sphären, auch wenn sie nur in dieser oder jener anschaubar ist. – Der Grund für den Buberschen Sakramentsbegriff ist (s. seine Spinoza-Interpretation l. c. S. 42 ff.) eine Theologie des »unmittelbaren« Du-Sagens (von Gott zu Mensch und Mensch zu Gott und auch von Mensch zu Mensch), deren Erschütterung zu ebenso gefährlichen Konsequenzen führen kann wie das Zerbrechen eines naiven Pansakramentalismus.

12   Der Begriff »Form« bezeichnet hier nicht die historische Gattung, sondern den Grad des gedanklichen Zusammenhangs und der literarischen Verdichtung. Sicher hätten auch andere Bezeichnungen gewählt werden können.

Diese hier wurden gewählt, um eine bestimmte Situation der europäischen Aufklärung zu kennzeichnen. Aphorismus, Essay und System haben hier den Sinn, den sie z. B. bei Bacon haben (der das System durchaus erstrebt, doch nicht besitzt, sondern Essays verfaßt wie alle seine Zeitgenossen und die entscheidenden Gedanken – vgl. den Aufbau des 1. Buches des *Novum Organum* – in Aphorismen formuliert). Summe und Sentenz sind auch in seiner Situation schon apokryph, wegen ihres teils willkürlichen, teils totalitären Charakters.

13 »Lapidar« bezeichnet die Dauer (Felsinschrift). Die »lakonische« Kürze, idealisiert im Hinblick auf treffliche Spartaner, die keine großen Worte machen, geht nicht über die Situation hinaus.

14 Aphorismen sind nicht Gedankensplitter und auch nicht kugelförmige kleine Gebilde, sondern »Werkzeuge« und »Verkörperungen« der Vernunft. Zum Aphorismus als literarischer Gattung: vgl. die »Einleitung« von Fritz Schalk zu den *Französischen Moralisten* (Slg. Dieterich, Wiesbdn. o. J.). Schalk geht m. E. zu sehr vom Begriff des Aphorismus als geschlossener (antiker) Kunstform aus. Nicht der »Satz, der aus sich leben soll«, selbstgenügsam wie die »Sprüche der Weisen« (l. c. S. XIV), sondern Sätze, die in zwanglosen Zusammenhang mit ihresgleichen treten und die darum die Erkenntnis weitertreiben ohne Zwang, sind Aphorismen. Sie können das nur, weil sie trennen und vereinigen zugleich, d. h. die Vernunft jedesmal »neu« verkörpern. Diese Verkörperungen (vgl. das *Novum Organum,* lib. I/II) brauchen durchaus nicht »isoliert« zu stehen; wo sie es tun, wirken sie auch nicht so eitel (d. h. vergeblich) wie heute, weil sie durch den Glauben an Harmonie vereinigt werden.

15 Zum Einweihungscharakter der Platonischen Dialoge: vgl. z. B. Kerényi, *Der große Daimon des Symposion, Albae Vigiliae* XIII, Amsterdam u. Lpz. 1942; dort auch eine Analyse des *Menon.* – Statt vieler Stellen: *Politeia* St. 521 C: die ψυχῆς περιαγωγή, ein Mysterienwort; oder die oft zitierte Stelle (*Theaitet* St. 155 C/D) über das πάθος des Philosophen, das θαυμάζειν: hier ist der (in

den Übersetzungen oft verharmloste) Begriff πάθος nur
verständlich, wenn wir fragen, von welchem anderen πάθος
er sich absetzt (vgl. hierzu z.B. die zahlreichen umfunk-
tionierten Riten des Dionysoskultes im *Symposion* und
die Bedeutung des πάθος in der dionysischen Tragödie). –
Diese Zusammenhänge kann leicht übersehen, wer die aufklärerische Rolle des Sokrates (dazu vgl. heute Popper,
Der Zauber Platos, Die offene Gesellschaft und ihre Feinde I,
dtsch. Bern 1957) überbetont und, im Blick auf die Ge-
sprächspartner des Sokrates, deren Proteste gegen den
Einweihungszwang als Protest gegen das Fragen interpretiert (so in meiner Dissertation, dort die Sokrates-Diskus-
sion in den Anmerkungen, S. 44 ff.). Ein im Zusammenhang
dieses Versuches lehrreiches Beispiel: der Abscheu Prantls
vor der Sokratischen Methode in den Platonischen Dialo-
gen (*Geschichte der Logik im Abendlande* I 1855; Lpz. 1927,
S. 68). Prantl mißversteht das »Widerliche« der Stellen,
»wo die Antwortenden bloß wie jene chinesischen Figür-
chen nickend Ja sagen«, als die Verzerrung eines »wissenschaftlichen Zwiegesprächs«, aber sein Abscheu trifft den
entscheidenden Punkt: die »Superiorität« des »Wissenden«, der den Unwissenden einführt in das Mysterium.

16   Die rückläufige Zusammenstellung dreier program-
matischer Titel, die vier Jahrhunderte überbrücken, soll
einen der europäischen Aufklärung gemeinsamen Zug
bezeichnen: die Betonung des verheißungsvollen Neuen,
die der klassischen Antike fremd gewesen ist (der homo
novus ist ein »neuer Mann«, weil ihm die Ahnen fehlen,
aus deren Macht er lebt). Heute bemerken wir wieder eine
Abwertung des »Neuen« bei Heidegger (von der existen-
tial verstandenen »Neugier« des Man in *Sein und Zeit* bis
zum ausdrücklichen Pathos des »Alten« und »Ältesten« in
den Spätschriften, z.B. *Aus der Erfahrung des Denkens,*
Pfullingen 1954, S. 19).

17   z.B. Bacon, *Nov. Org.* I, Aph. 19 ff.; ferner sein Kampf
gegen den Syllogismus oder die Umdeutung des Syllogismus (diese schon bei Petrus Ramus, *Institutionum dialecti-
carum* libri III, Parisiis 1549, I).

18   Hegel, *Philosophische Enzyklopädie f. d. Oberklasse* (in

den *Nürnberger Schriften,* Phil. Bibl. Lpz. 1938) §§ 72 ff. – Hegel (§ 72) bestreitet der Induktion, sofern das »daseiende« Einzelne der »freien Zufälligkeit angehört«, die »innere Notwendigkeit«, läßt ihr aber, sofern es »allgemeines Moment des Begriffs ist« – d. h. gerade die »Vereinzelung« des Allgemeinen – ihre »wahrhaft zusammenschließende« Kraft (§ 73). Das im Text so genannte »Pathos der Induktion« verkörpert sich für ihn (§ 75) erst in dem Begriff der »Allgemeinheit« als einer »wahrhaften Mitte«, in der alle Schlußweisen »sich durchdringen« (l. c. S. 252/3). – Uns interessiert an dieser Stelle nicht ein Problem der Logik und nicht das Hegelsche der »wahrhaften« alles in sich schließenden »Mitte« als der Mitte »im Begriff«. Wir stellen die religionswissenschaftliche Frage: wie sieht jeweils ein Glaube aus, in dem das deduktive, das induktive, das analogische Verfahren »schlüssig« sind? Der Grund, weshalb wir diese Fragen hier formulieren: die Leidenschaft, mit der ein logisches Prinzip (das der »Induktion«) trotz der ihm offensichtlich mangelnden Schlußkraft am Beginn der modernen Welt verkündet wurde. Die Antworten (die hier nicht näher ausgeführt werden können, weil sie nicht das Thema dieser Arbeit sind): die Schlußkraft des deduktiven Verfahrens setzt den Glauben an die göttlichen Mächte des Ursprungs voraus; die Schlußkraft des induktiven Verfahrens die Brechung des deduktiven Zwanges und den Glauben an eine vernünftige Harmonie, die sich in jedem »Einzelnen« verkörpert; die Schlußkraft des analogischen Verfahrens den Glauben an das »spielende« oder »kreisende« Eine, vor dem sich die konkrete Wirklichkeit entleert.

19 Der Zusammenhang von Theogonie, genealogischem Denken und deduktivem Verfahren ist ein Thema, mit dem sich der Verfasser, ausgehend von der *Theogonie* des Hesiod, seit Jahren beschäftigt. Er beabsichtigt, es in einer besonderen Studie darzustellen, und beschränkt sich daher an dieser Stelle auf die Nennung des Zusammenhangs. – Die religionswissenschaftlich wichtigste Darstellung: Paula Philippsons *Untersuchungen über den griechischen Mythos,* dort *Genealogie als mythische Form (Studien zur*

Theogonie des Hesiod), Zürich 1944. Die Verfasserin sieht nicht den Zwang, nur die Versöhnung von Sein und Werden. – Die Verbindung mit dem deduktiven System ist durch das christlich-mittelalterliche Bild von der Begriffspyramide verbaut worden; sie suggeriert – vgl. z. B. Leisegang, *Denkformen*, Bln. 1928 – das Bild der anorganischen Starre.

20 Porphyrios, *Isagoge*, 2. Kap. (2 b 1).

21 Ein Beispiel: Unmenschliches Verhalten von Menschen kann unter der Anwendung des deduktiven Verfahrens zur allgemeinen Beruhigung isoliert und als eine besondere species menschlichen Verhaltens abgestempelt werden: der Fluch des einen entlastet den anderen; in extremen Fällen scheiden die Täter aus dem genus humanum aus. – Das analogische Verfahren verharmlost die Unmenschlichkeit, indem es sie im allgemeinen Stirb und Werde der Natur ebenso wiedererkennt wie in kleinen unblutigen Spielereien, die nur eben keine extremen Fälle sind. – Erst das induktive Verfahren nimmt die Unmenschlichkeit ernst; es zwingt, sie als verzerrte Menschlichkeit zu erkennen, wenn nicht das aus Goethe erschlossene Bild vom Menschen vor dem KZ-Wächter zu einer zynischen Fassade werden soll oder das aus dem KZ-Wächter erschlossene Bild vom Menschen zu einem krankhaften Sonderfall, der keinen Anhalt bietet für eine aus ihm erschließbare allgemeine Regel.

22 Zum Begriff des »Dämonischen« vgl. die Hinweise und Belege in Anm. 1 zum II. Kapitel.

23 Bei Bacon am bekanntesten in der Idolenlehre und dem entdämonisierenden Pathos des »kingdom of man« (*Nov. Org.*); bei Hobbes am eindrücklichsten in der Argumentation gegen abergläubische Religion und dem »Vertrag« als Wiederholung des »Bundes« (sein ganzes System folgt dem 6-Tagewerks-Modell); für Herder (sein Sprachbegriff), für Kant (seine Geschichtstheorie) und für Marx bedarf es keiner einzelnen Nachweise; für die »philosophierenden Marxisten bis heute« genügt der Hinweis auf Benjamin und Bloch; für James der Hinweis auf die Forderung (*Pragmatism*, lect. II) »of looking away from first things,

principles, ›categories‹, supposed necessities; and of looking towards last things, fruits, consequences, facts«, die
noch den Begriff »facts« mit einer Kritik am Fakten-Den-
ken verbindet. In der protestantischen Theologie verbindet sich ein Wiederernstnehmen der Geschichte mit dem
Wiederernstnehmen des »Kingdom of God«-Symbols bei
Paul Tillich.

24 Die »zureichende« Antwort der Aufklärung gibt
Kant in der kleinen programmatischen Schrift *Beantwortung der Frage: ›Was ist Aufklärung?‹*, Bln. 1784. Die »selbst-
verschuldete Unmündigkeit des Menschen«, die »nicht am
Mangel des Verstandes, sondern der Entschließung und
des Mutes liegt, sich seiner ohne Leitung eines andern zu
bedienen«, und für die »Faulheit und Feigheit die Ur-
sachen« sind, ist nicht zu erklären ohne den Begriff des
Selbstverrats.

25 Bacon, *Nov. Org.* I, 6/7: »Insanum quiddam esset, et
in se contrarium existimare ea, quae adhuc nunquam facta
sunt, fieri posse, nisi per modos adhuc nunquam tentatos«,
dazu aber zählen die »generationes mentis et manus«
(*Works* of Francis Bacon Vol. VIII, Ldn. 1819). – Das
Pathos der Induktion als des unbedingten Ernstnehmens
des Neuen in jeder einzelnen Verkörperung hat ein »Nicht-
philosoph« eindrücklich beschrieben: Brecht in seiner Erzählung vom Tod des Bacon (in den *Kalendergeschichten:*
»Das Experiment«). Er hat durchaus gesehen, was Horkheimer und Adorno, hier im Bann der üblichen Bacon-
kritik, nicht wahrhaben wollten: das Suchen nach Glück
(die Heilserwartung) hinter den Unternehmungen Bacons.
Durchaus nicht bloß »Natur« und »Menschen« »vollends«
zu beherrschen, war sein Ziel (*Dialektik der Aufklärung,* Amsterdam 1947, S. 14: »Nichts anderes gilt«). Es ist nicht möglich, »operation« als das »wirksame Verfahren« so gegen
die »Wahrheit« auszuspielen, wie es dort (S. 15) geschieht.
Schon die Begriffe »besser« und »wahr« in der dort
anschließend zitierten Bacon-Stelle lassen sich so wenig
von einem verengten Begriff des Herrschaftswissens ab-
leiten wie »Aufklärung« allein von dem Verlangen, »Herr«
zu sein, und dem Programm einer »Entzauberung« der

Welt. Der Heilsaspekt, der aller Aufklärung von Anfang an innewohnt (»Aufklärung ist mehr als Aufklärung, Natur, die in ihrer Entfremdung vernehmbar wird«, l.c. S. 54) verfällt in Horkheimers und Adornos hellsichtigem Buch immer wieder der Angst vor einem »faulen« Begriff der Versöhnung. Es sieht so aus, als ob das Heil sich nie verkörpern kann: sobald es sich verkörpern soll, muß es sich in Unheil verkehren. Doch auch im »Geist erbarmungslosen Fortschritts« (und durchaus nicht erst »an seinem Ziel«; l.c. S. 57) sind die Elemente enthalten, mit denen sich eine Theorie verbünden muß, die ihn »umwenden« will. Noch in der verzerrenden Bemächtigung (auch des scheinbar bloßen Herrschaftswissens) ist eine sich enttäuschende Heilserwartung am Werk, und herrschaftliche Bemächtigung ist nicht weniger auf Vereinigung aus, die keiner Herrschaft mehr bedarf, als Selbstpreisgabe auf eine Vereinigung ohne Unterwerfung. Eine Lektüre der Schriften Bacons kann aufmerksam machen auf einen zu leicht übersehenen Heilsaspekt (einen universalen Heilsaspekt) auch an den Anfängen der »technischen Welt«. – Es ist erstaunlich, daß Horkheimer und Adorno die enge Verbindung der aufklärerischen Heilserwartung mit der in den prophetischen Büchern des Alten Testaments so wenig beachten und deren Wirkung auf die Momente des Bilderverbots und des patriarchalischen Zwangs beschränken. Ein Beispiel: die gleichartige Behandlung so disparater Texte wie Genesis, Archilochos, Solon, l.c. S. 19; hier schrumpft die Formel von der »Gottesebenbildlichkeit« – für Bacon noch die Forderung, das »Schöpfungswerk« fortzusetzen, »Neues« hervorzubringen (und zwar eßbare Früchte, uvae et olivae, *Nov. Org.* I, 73) und so die Wissenschaft bis an ihr »wahres Ziel« zu führen – zum »Blick des Herrn« und zum »Kommando« zusammen.

26   Heidegger, *Sein und Zeit*, Tübingen 1949[6], S. 334.

Exkurs über Odysseus und Herrn K.

1 Od. IX 408, übers. von J. H. Voß, Lpz. 1837.

2 Der Name des Kyklopen: *Πολύφημος*, »Vielgerühmt«,
und seine göttliche Herkunft zeigen, daß hier nicht bloß
ein vorzeitliches Ungeheuer dem aufgeklärten Individuum
entgegentritt, sondern ein göttlicher Bereich dem anderen.
Das eine Auge mahnt nicht an die primitive Einheit von
Nase oder Mund (so Horkheimer und Adorno, *Dialektik
der Aufklärung,* Amsterdam 1947, S. 81; dazu der Hinweis
auf v. Wilamowitz: die Kyklopen »eigentlich Tiere«),
sondern eher an das eine Geschlecht (die Blendung des
Kyklopen läßt an die Entmannung eines mythischen Ur-
vaters denken) und an ein archaisches Emblem der Sonne
(dazu: Ranke-Graves, *The Greek Myths,* dtsch. 1960, II,
Nr. 170, 3; dort Hinweis auf Cook, *Zeus*; zum Auftreten
der Kyklopen in verschiedenen Mythen: Kerényi, *Mythologie der Griechen,* Zürich 1951). – Horkheimers und Adornos faszinierender Exkurs über den Aufklärer Odysseus
modernisiert den Heros: auf dem Hintergrund der »Vor-
welt«, der er sich entringt, wird er zum Vertreter einer
»bürgerlichen Urgeschichte« (l.c. S.76). Das wird besonders
deutlich an den Stellen über Magie, Kult, Opfer. – Zum
Motiv des Ruhmes: Od. IX 502–5. Horkheimer und Adorno
sehen (l. c. S. 85 ff.) im Niemand-Sein wohl die »Mimikry ans
Amorphe« (Selbstbehauptung durch Selbstverleugnung
»wie in aller Zivilisation«), doch in der Namensnennung nur
das Zeichen der aus Angst entspringenden »Hybris«, nicht
den Wettstreit (Odysseus contra Poly-phemos) des Ruhms.

3 Zur Fahrt durch das Totenreich: Hinweise auf die
Toteninseln (Aiaia, Ogygia), die Todesgöttinnen (Kirke,
Kalypso, die Sirenen), die Todessymbolik der anderen
Orte (z.B. des Hafens von Telepylos, der Höhle des Ky-
klopen) bei Ranke-Graves, l.c. Nr. 170. – Vgl. ferner die
Unterweltsfahrt des Odysseus mit den Unterweltsfahrten
der Schamanen.

4 Vgl. z. B. das Sirenenabenteuer: dort ist die Stilisierung des »Durchschlüpfens«, des »Entkommens« besonders deutlich. Vasenbilder kennen sehr wohl den Todessturz der Sirenen, vergleichbar dem der Sphinx (Nachweis bei Karl Reinhardt, *Von Werken und Formen,* Godesberg 1948, S. 72, in der formengeschichtlichen Betrachtung aller »Abenteuer der Odyssee«). – Horkheimer und Adorno betonen nur diese eine Seite der Odysseus-Geschichte, das »Durchschlüpfen« des sich selbst verleugnenden Individuums (die Sirenengeschichte: l. c. S. 46 ff. im »Begriff der Aufklärung«, S. 75 f. im Exkurs), und übersehen die andere Seite, die der Vorherbestimmung. Sie wird wiederum bei Reinhardt sehr klar (z. B. unterstreicht er das Motiv der schicksalhaften Wiederholung in der Aiolosgeschichte), doch nicht als die Form des Heroenschicksals, sondern als ein Ausdruck (neben anderen) der »dichterischen Transzendenz« (l. c. S. 159).

5 Aeneas und Odysseus, als Gegenspieler verstanden, verdeutlichen den Unterschied der griechischen und römischen Interpretation der Geschichte: dort ein in Konflikten erkämpftes Ziel, hier die Wiederherstellung des Alten. Aus diesem Grunde sind die Identifizierungen jüngster Erlebnisse mit dem Odysseusschicksal so fragwürdig (ein beliebter Topos der Literatur nach diesem Krieg, vgl. z. B. Schadewaldt, *Von Homers Welt und Werk* 1959³, dort *Die Heimkehr des Odysseus,* S. 375 ff., zuerst veröffentlicht 1946).

6 »Verschlagensein« und »Verschlagenwerden« als Äquivalente: Horkheimer und Adorno, l. c. S. 81. – Daß dies, wenn auch sprachlich, so doch nicht sachlich aus der Irrfahrt des Odysseus folgt (also Verschlagenheit nicht aus »Erfahrung«), lehrt die hier angezogene Geschichte der Verstellung, durch die Odysseus sich dem Zug nach Troja entziehen will: Verschlagenheit ist seine »Spezialität«, sie formt sein Schicksal und nicht dieses sie. Bezeichnend ist die mythologische Genealogie des Heros: er ist »in Wirklichkeit« ein Sohn des Sisyphos und der Antikleia, der Tochter des Autolykos (des Meisterdiebs der griechischen Mythologie) und Enkelin des Hermes.

7 Sie wurden erzählt in den *Kyprien* und der *Telegonie*

des Eugammon (Hinweise auf die Quellen sowie auf weitere Nostendichtung bei Preller, *Griechische Mythologie,* Bln. 1860, II S. 411 ff., S. 464 ff.).

8 Zum Opferbetrug des Prometheus vgl. Kerényi, *Prometheus,* jetzt rde Hambg. 1959; zur griechischen Idee des Opfers ferner: ders., *Die antike Religion,* Düsseld.-Köln 1952, S. 133 ff. – Für die Einsetzung des Opfers ist nicht entscheidend, daß Menschen Götter betrügen (der Betrug gelingt bekanntlich nicht), sondern daß sie vor ihnen als die Betrüger dastehen. Das Opfermahl bewahrt die Erinnerung an ein Göttern und Menschen gemeinsames Mahl und an den Bruch der Gemeinsamkeit. Das Opfer »ist« nicht Betrug, sondern demonstriert den Betrug und – indem es die Gemeinsamkeit wieder heraufbeschwört – zugleich den Versuch der Versöhnung: es kann angenommen werden oder nicht. – Horkheimer und Adorno verneinen den versöhnenden Charakter, überhaupt die Hingabe-Seite des Opfers. Sie kennen nicht die Dialektik von Opfer und Sakrament. Ihr zentraler Gedanke ist, in der Nachfolge Freuds, die »Introversion des Opfers« (l. c. S. 64 ff.). Ihr verdankt sich das identische Ich, das durch eine Kette von Entsagungen gebildete Subjekt der Zivilisation, das, um sein Leben zu fristen, ständig mehr gibt, als es empfängt. »Die Geschichte der Zivilisation ist die Geschichte der Introversion des Opfers. Mit anderen Worten: die Geschichte der Entsagung. Jeder Entsagende gibt mehr von seinem Leben, als ihm zurückgegeben wird, mehr als das Leben, das er verteidigt. Das entfaltet sich im Zusammenhang der falschen Gesellschaft. In ihr ist jeder zuviel und wird betrogen«. Dennoch sind alle Opfer zugleich »Opfer für die Abschaffung des Opfers«, herrschaftliche Entsagung zugunsten einer Zeit, die weder der Herrschaft noch der Entsagung bedarf (l. c. S. 71 f.). Aber (mit der Figur, die in einer großen Tradition geschichtsphilosophischen Denkens das die Unheilsgeschichte endgültig sprengende Neue benennt) noch ist der Messias nicht erschienen, und die Opfer stehen alle diesseits der Versöhnung, haben nur in der Erwartung an Versöhnung teil. Das ist der theologisch tiefste Grund für den Betrugscharakter

des Opfers bei Horkheimer und Adorno. – Zum Problem von Opfer und Gnade (auf dem Hintergrunde einer Gegenüberstellung von »Verkörperungsdenken« und »Entkörperungsdenken«) s. u.: Exkurs über Buddhismus als Ausweg, II, Text S. 125 f. sowie IV. Kap., IV, S. 142 ff.

9 Der Titel eines ᾿Οδυσσεὺς μαινόμενος des Sophokles deutet auf den dunklen Untergrund der Verstellung hin. Ranke-Graves (l. c. Nr. 160, 4; S. 278) erläutert die Scene (Odysseus pflügt unter der konischen Mütze des Mystagogen mit Esel und Ochsen in einem Joch und wirft dabei Salz hinter sich in die Furchen, bis Palamedes den Telemachos vor ihm in die Furche legt) als eine Orakelscene, eine seherische Vorwegnahme des nutzlosen Krieges bis zur Entscheidungsschlacht. Auch wenn diese Deutung nicht überzeugt, so läßt sie doch dem Vorgang den Charakter der Zeremonie, wahrscheinlich eines Wiedergeburtsmysteriums, statt bloß eines Tricks (wie etwa bei Lukian in der Bildbeschreibung Περὶ τοῦ οἴκου Nr. 30). Zu dieser Scene s. auch den Hinweis Kerényis in den *Heroen der Griechen,* Zürich 1958, S. 352, auf die Ähnlichkeit des Verkleideten mit einem »lächerlichen Kabiren«.

10 Die Prophezeiung: Od. λ 134: θάνατος ἐξ ἁλός.

11 Die Identifizierung durch Doppelhochzeit der Söhne mit den Müttern (sicher ein sehr altes Moment in der jüngeren Überlieferung) stellt auch den Tod des Odysseus in einen Mysterienzusammenhang. Die Deutung von Ranke-Graves (l. c. S. 365) – der Nachfolger des heiligen Königs, der diesen erschlagen muß nach dem Ablauf seiner Zeit, wird dessen »Sohn« genannt – ist zwar eine einleuchtende Rationalisierung derartiger Geschichten, aber sie beseitigt das Problem nicht, sondern verschärft es noch: warum muß es gerade der »Sohn« sein, der die Königin zur Frau nimmt? – Ranke-Graves sieht in den heiligen Königinnen Inkarnationen der Großen Mutter und in Odysseus einen der Könige, die z. T. erfolgreich (der Freiermord) die sakrale Mütter-Herrschaft zu brechen suchten. Er sieht die Odysseusgestalt der Epen aus dem Helden einer derartigen Sage (Ulysses-Stoff) und dem der Irrfahrer - Erzählung (Odysseus - Geschichte) zusammen-

gewachsen. Aber der entscheidende, für einen Mysterien-Stoff sprechende Punkt dieser Doppelhochzeit der Söhne mit den Müttern wird auch durch einen Vergleich mit scheinbar ähnlichen Geschichten (z. B. Oidipous-Iokaste, Hyllos-Iole) nicht erklärt: die Verbindung ist nicht tragisch, sondern ein Segen, der Konflikt des Ödipus-Komplexes erscheint hier nicht verewigt, sondern gelöst. – Zu den segenreichen Folgen vgl. die Spekulationen bei Hyginus über Latinus und Italus als Söhne von Kirke-Telemachos und Penelope-Telegonos; weitere Mythologeme aus späteren Quellen bei Preller, l. c. S. 471, Anm. 1.

12   Zum Überleben im Ruhm: vgl. Hannah Arendt, *Fragwürdige Traditionsbestände im politischen Denken der Gegenwart,* dort: »Natur und Geschichte«, bes. S. 58/59; Wolfgang Schadewaldt, *Von Homers Welt und Werk,* Stg. 1953[3], S. 79 ff. – Zur Deutung der Mysterienkulte vgl. Karl Kerényi, bes. in *Albae Vigiliae,* Neue Folge III, *Die Geburt der Helena samt humanistischen Schriften aus den Jahren 1943–45,* Zürich 1945: die »Mysterien der Kabiren/Einleitendes zum Studium antiker Mysterien«, S. 42 ff.

13   Brecht, *Kalendergeschichten,* Bln. 1949; dort aus den *Geschichten vom Herrn Keuner:* Sokrates; Herr K. in einer fremden Behausung; Herrn K's Lieblingstier; Das Wiedersehen.

14   Brecht, *Versuche 1–3,* Bln. 1930; dort in den *Geschichten vom Herrn Keuner:* Maßnahme gegen die Gewalt.

15   Brecht, *Aus einem Lesebuch für Städtebewohner, Versuche 4–7,* Bln. 1930; jetzt *Gedichte 1,* Frf. a. M. 1960.

16   Brecht, *Mann ist Mann,* Bln. 1927; jetzt *Stücke 2,* Bln. 1953.

17   Brecht, *Das Badener Lehrstück vom Einverständnis, Versuche 4–7,* Bln. 1930; jetzt *Stücke 3,* Bln. 1955.

18   Brecht, *Der gute Mensch von Sezuan, Versuche 27–32,* Bln. 1953; jetzt *Stücke 8,* Bln. 1957.

19   Die Clownsscene: *Badener Lehrstück vom Einverständnis;* dort in den »Untersuchungen, ob der Mensch dem Menschen hilft«, die »3. Untersuchung«.

20   Brecht, *Die Maßnahme, Versuche 11/12,* Bln. 1931; jetzt *Stücke 4,* Bln. 1955.

21 Brecht, *Aufstieg und Fall der Stadt Mahagonny*, *Versuche 4-7*, Bln. 1930; jetzt *Stücke 3*, Bln. 1955, dort das »Spiel von Gott in Mahagonny« (S. 250 ff.); vgl. den Kommentar von Walter Benjamin, *Schriften* II, Frf. a. M. 1955, S. 353 ff.

22 Brecht, *Das Badener Lehrstück vom Einverständnis*, l. c. S. 300 ff.

23 Vgl. z. B. in der *Hauspostille* (Bln. 1925) das Lied »Vom ertrunkenen Mädchen«.

24 Brecht, *Hauspostille;* gemäß der »Anleitung« kommt in dieser Ballade der »Gummimensch in Sicht«.

25 Samuel Beckett, *Molloy*, Paris 1951, dtsch. Frf. a. M. 1954; im Bauch eines Schiffes: »Das Ende« (aus *Nouvelles et Textes pour rien*, dtsch. *Texte und Zeichen* Nr. 6, Bln. u. Neuwied 1956).

26 Brecht, *An die Nachgeborenen* (1938) in *100 Gedichte*, Bln. 1952.

27 Gide, *Die Verliese des Vatikan* (1914), dtsch. Hambg. 1955.

II Die Schwierigkeit nein zu sagen als das Problem der Identität unter der Drohung des Identitätsverlustes

1 Daß ein Satz der Logik hier mit Begriffen des Affekts und in sozusagen »patho-logischem« Zusammenhang (protestieren gegen Spaltung, sich abschirmen gegen Gespaltenheit etc.) erörtert wird, bedarf in einer religionsphilosophischen Untersuchung eigentlich kaum der Rechtfertigung. Sätze der Logik sind entdämonisierende Sätze; wir können sie zurückübersetzen in Situationen, in denen sie Antwort geben auf eine dämonische Bedrohung; zugleich haben sie, in sie verstrickt, an dieser teil. Das Schwanken in der Beurteilung des Parmenides z. B. (vgl. die ersten Anmerkungen des vorigen Kapitels) rührt von da: es bedarf schon des Glaubens an eine restlos entdämonisierte Welt (eines sehr gefährlichen Glaubens), um die entdämonisierende Funktion solcher Sätze nicht wahrzunehmen. – Nach dem Versagen der Cartesischen claritas als des zureichenden Kriteriums der Wahrheit und dem Mißlingen des Spinozistischen Versuchs, Vernunft unabhängig zu machen von den Affekten, ist ihre Tiefe verschiedene Male wiederentdeckt worden: in der Hegelschen Logik (wo ein leidenschaftlicher Gebrauch der Kategorien diese befähigt, auch die Triebwelt zu durchdringen); in der Potenzenlehre Schellings; in den metaphysischen Spekulationen Nietzsches; zuletzt in den Forschungen Freuds, der Theologie Tillichs, der Philosophie Blochs. Wo die psychosomatische Einheit (auch des Denkens) zerrissen ist, dort werden Wille, Trieb, Affekt als Dämonen gefürchtet (vgl. Heidegger, im Nachwort zu *Was ist Metaphysik?* 1943: »›Wille‹, als Grundzug der Seiendheit des Seienden verstanden, ist die Gleichsetzung des Wirklichen mit dem Seienden dergestalt, daß die Wirklichkeit des Wirklichen zur bedingungslosen Machbarkeit der durchgängigen Vergegenständlichung ermächtigt wird«; Ausg. Frf. a. M. 1949, S. 39; dazu, seit *Sein und Zeit,* die Betonung des Lassens – das Sein sein lassen – als eines religiösen

Grundverhaltens). Die Lehre des Alten Testaments, daß Gott »Wille« ist (Schelling wird später vom »Urwillen« reden, damit die mystische Tradition Böhmes und die nominalistische des Universalienstreits weitertragend) und nicht bloß der Xenophantische νόος, nennt die Tiefe des lebendigen Seins und bewahrt die Wirklichkeit vor dem Zerrissenwerden in ein dämonisches Triebgeschehen und eine entdämonisierte Wesenswelt (am groteskesten in unserer Zeit in der Philosophie Schelers, wo dann am Ende »Verlebendigung des Geistes« und »Vergeistigung des Dranges« diese Kluft überbrücken sollten: der »werdende Gott«). – Demgegenüber fragen Denker wie Freud nach dem Zusammenhang des λόγος mit den πάθη der ψυχή in jeder, auch der geringfügigsten Aktion des Menschen und verfolgen ihn bis in die Tiefe (dies der Sinn eines Titels wie *Psychopathologie des Alltagslebens,* der nicht Durchschnittsmenschen zu Psychopathen erklärt, sondern eine Logik zum Ziele hat, die auch die alltägliche Oberfläche des Lebens vereint sieht mit der Lebenstiefe). Ein Beispiel für die Arbeitsweise Freuds: in seiner Theorie der logischen »Verneinung« (1925; *Werke* XIV, London 1948, S. 11–15) wird diese zunächst, in therapeutischen Analysen, als ein Verdrängungsersatz erkannt; dann dieser in seiner Funktion erörtert: als die Möglichkeit, Verdrängtes dennoch auszusprechen oder, statt es zu verdrängen, es zu akzeptieren; und schließlich diese nach ihrem entdämonisierenden Sinn befragt: die »Schöpfung des Verneinungssymbols« gewährt dem Denken »einen ersten Grad der Unabhängigkeit von den Erfolgen der Verdrängung und somit auch vom Zwang des Lustprinzips« (dem »Zwang« des Lustprinzips, nicht diesem). Für die praktische Bedeutung und das Verständnis dieser Theorie vgl. u. II, 2: die Beobachtungen des Freudschülers René A. Spitz. V. v. Weizsäcker, hierin Schüler Freuds, hat ausdrücklich eine Lehre von der »Logophanie« (dem Hervorgehen logischer Kategorien aus »triebhaften und emotionalen Kräften«) entworfen; er kennt zugleich auch das »verborgen Logische«, das in Bildern der Leidenschaften und Affekte sich manifestiert (»Eidologie«); sein »Impossibilitätstheorem«

stellt »Wirklichkeit« der logischen »Möglichkeit« als das
»Unmögliche« entgegen, das allein sich »verwirklicht«
(*Pathosophie,* Göttingen 1956, S. 178 ff.); dies die schärfste
Gegenformulierung zu der Forderung Heideggers (*Vor-
träge und Aufsätze,* Pfullingen 1954, S. 98), »über die
Unverletzlichkeit des Möglichen zu wachen« und so »den
Segen der Erde zu empfangen« und »das Geheimnis des
Seins zu hüten«; wieder ist es der »Wille« – der in jenen
Theorien gerade das »Verwirklichende« war –, der dem
»Möglichen das Unmögliche als Ziel« aufzwingen will und
der die »Erde« in die »Abmüdung und Vernutzung und
Veränderung des Künstlichen« zerrt. – Bloch hat, im Zentrum seiner Ontologie (*Das Prinzip Hoffnung* I, Bln. 1954,
S. 332 ff.), programmatisch erklärt, daß »kategorische
Grundbegriffe … einzig durch die Affektlehre hindurch
zugänglich gemacht werden. Denn nur die Affekte, nicht
die affektlosen, vielmehr affektlos gemachten Gedanken
reichen so tief in die ontische Wurzel, daß an sich so abstrakt scheinende Begriffe wie Nicht (bei Bloch der Ursprung aller Bewegung: »Leere und zugleich der Trieb,
aus ihr hervorzubrechen«), Nichts (d. i. die vereitelte Bewegung), Alles (d. i. ihr Gelingen) samt ihren Unterscheidungen mit Hunger, Verzweiflung (Vernichtung), Zuver-
sicht (Rettung) synonym werden«. – Und Tillich hat (so
wie Bloch das Prinzip »Hoffnung«) den »Mut zum Sein«
(*The courage to be,* Yale 1952) zu einem Symbol gemacht,
das anders nicht verstanden werden kann als auf dem
Grunde eines solchen Denkens. Gegenbegriffe sind in ihm
nicht Sein und Nichtsein nur, sondern die gelingende Verkörperung und die dämonisch verzerrte. Entdämonisierung bedeutet hier nicht das übersteigende Verdrängen der
Dämonen, sondern den Kampf gegen die Verzerrung. –
Zum Begriff des »Dämonischen« – der im Text verschie-
dentlich erörtert werden wird – vgl. hier und im Folgenden: Tillich, *Das Dämonische; ein Beitrag zur Sinndeutung der
Geschichte,* Tübingen 1926. Dort wird ein Begriff des Dämonischen wiederentdeckt, der wohl die Dämonien der Isolierung des Dämonischen kennt (das, was Bloch später das
zum Nichts vergegenständlichte Nicht des Noch-Nicht

nennen wird), doch dessen Macht nicht abgetrennt ist von dem einen, lebendigen Seinsgrund: »Dämonie ist gestaltwidriges Hervorbrechen des schöpferischen Grundes in den Dingen«, und jeder Versuch, das Dämonische auch nur zu analysieren, schlägt fehl, der die einzelne Erscheinung (und Tillich untersucht die einzelnen Erscheinungen seiner Zeit: im gleichen Jahr *Die religiöse Lage der Gegenwart;* und 1932 *Die sozialistische Entscheidung;* beide Berlin) nicht bis in diese Tiefe ernstnimmt. Soweit ich sehe, ist seine Veröffentlichung die für die gegenwärtige Theologie wichtigste Auseinandersetzung mit diesem Thema geblieben. (Erwin Reisners schönes Buch *Der Dämon und sein Bild,* Bln. 1947, krankt in seinem zentralen Kapitel über die »Wirklichkeit der Dämonen« an einem romantisch-ursprungsmythischen Bild des Dämonischen; er konstruiert eine absteigende Reihe des »objektiv« Dämonischen – Ungeheuer, Hexe, Gespenst, doppelgängerischer Komplex –, der zugleich eine aufsteigende Reihe der Dämonisierung entspricht: heute erst kommt »der Prozeß des Abfalls von Gott zur letzten Reife«.) Ein Begriff des Dämonischen dient nicht der Mythifizierung oder Dämonisierung, sondern hilft Dämonien erkennen und bekämpfen. Er bewahrt zugleich vor der dämonischen Preisgabe des als Dämonie Erkannten und Gefürchteten, der entsetzlichsten Dämonie dieser Zeit. Vgl. den Schluß (III, 8) dieses Kapitels; vgl. das Heideggerzitat in der letzten Anm. dazu. – Die Bemerkungen und Zitate dieser Anmerkung sollen das Identitätskapitel und die ihm folgenden vor methodologischen Mißdeutungen schützen.

2 Zum Begriff des »Ursprungsmythos« und der »ursprungsmythischen Mächte«, zum Brechen des »ungebrochenen« Mythos und der Gefahr seines »Zerbrechens«: vgl. Tillich, *Die sozialistische Entscheidung,* Abdr. Offenbach a. M. 1948[2]; jetzt *Ges. Werke* II, Stg. 1962.

3 Brecht: s. Nachweise zum Exkurs über Odysseus und Herrn K.

4 Zum Problem von Identität und Indifferenz: Hegel, *Wissenschaft der Logik,* Anmerkungen zu I, 1, 1; dagegen Heidegger, *Identität und Differenz,* Pfullingen 1957[2] (dort

die zitierten Worte); ferner Bloch, die Erörterung des Identitätssatzes in »Einsichten in den Nihilismus und die Identität«, *Philosophische Grundfragen I: Zur Ontologie des Noch-Nicht-Seins,* Frf. a. M. 1961, S. 63 ff.

5 Camus, *L'homme révolté,* dtsch. Hambg. 1953, S. 297.

6 Zu den drei Fällen: Vgl. Ibsens Pastor Brand, den sich selbst und seine Familie zerstörenden »Alles oder Nichts«-Sager; dies die zerstörerische Gefahr in allen Utopien: s. dazu den schwankenden Gebrauch dieser beiden Begriffe als Symbole bei Bloch. – Vgl. den Schluß des Exkurses über »Buddhismus als Ausweg«. – Vgl. das Sammeln aller Namen im Rumpelstilzchen-Märchen: es könnte der richtige darunter sein.

7 Diese Dialektik hat mein Lehrer Paul Hofmann immer wieder betont (vgl. z. B. *Allgemeinwissenschaft und Geisteswissenschaft; eine methodologische Untersuchung,* Charlottenburg 1925, und *Metaphysik oder verstehende Sinn-Wissenschaft; Gedanken zur Neugründung der Philosophie im Hinblick auf Heideggers ›Sein und Zeit‹,* Bln. 1929). Er hatte allerdings der Identität von Atman und Brahman nur die Hoffnung auf den »Pendelschlag« der Geschichte entgegenzusetzen.

8 Statt vieler Beispiele eines: das Pathos des »Wir«-Sagens in der Sprachphilosophie Rosenstock-Huessys (vgl. z. B. *Soziologie* I, Stg. 1956, S. 160), in dem eine noch ungebrochene Hoffnung der zwanziger Jahre in einer veränderten Welt weiterlebt. Ich nenne Rosenstock an dieser Stelle, um auf seine Einsichten in die »Gegenseitigkeit des Sprechens«, das Verhältnis von »Spielsprache« und Sprache als »Ernstfall«, die »Konjugation« als eine »der Zeiten und Räume« und die Anwendung dieser Einsichten auf die Religionsgeschichte (s. *Soziologie* II, Stg. 1958) aufmerksam zu machen.

9 Hegel, *Phänomenologie des Geistes,* Phil. Bibl. Lpz. 1949 [5], S. 141 ff.

10 Sartre, *L'être et le néant,* dtsch. Hambg. 1952, S. 192 ff.

11 Hegel, l. c. S. 142; dazu S. 107 ff; dazu S. 144. Hegel kann das »Kräftespiel« des Jeder-für-sich bis in seine tödlichen Konsequenzen schildern, weil er der Harmonie am Ende (wenn auch einer in den unterweltlichen Farben des

Schlusses der Phänomenologie) immer gewiß ist: die letzte philosophische Position des Liberalismus; vgl. Blochs Kennzeichnung Hegels: er kenne nicht das Nicht am Anfang und nicht das drohende Nichts am Ende, sondern nur das in der Mitte »arbeitende« Nichts (*Subjekt-Objekt*, Bln. 1952, S. 143).

12 Sartre, *La nausée*, dtsch. Hambg. etc. 1949, S. 65 f.

13 René A. Spitz, *Die Entstehung der ersten Objektbeziehungen (direkte Beobachtungen an Säuglingen während des ersten Lebensjahres)*, mit sehr wichtiger Bibliographie, urspr. franz. 1954, dtsch. Stg. 1960; *Nein und Ja (Die Ursprünge der menschlichen Kommunikation)*, urspr. engl. 1957, dtsch. Stg. o. J. – Die Schilderung des für diese Arbeit wichtigen Gedankenganges gibt keinen Eindruck von dem Reichtum und der Bedeutung der beiden Bücher, die nicht nur psychoanalytische Theorien untermauern, sondern ein fast ungesehenes Fundament der soziologischen und ethnologischen Forschung (z.B. der Beobachtungen von Margaret Mead) beschreiben.

14 Ein Hinweis auf das aufklärungsfeindliche Bündnis von Mächten der »Obrigkeit«, »Natur« und »Übernatur«: Kant (*Streit der Fakultäten*, 1798, II 8; zit. Phil. Bibl. Lpz. 1905, S. 136) mußte sich gegen eine Obrigkeit verteidigen, der die »Verkündiger« und »Ausleger« der öffentlichen »Pflichten und Rechte« durch ihre Forderung nach freier Lehre »anstößig« sind, weshalb sie »unter dem Namen Aufklärer als für den Staat gefährliche Leute verschrien« werden. – Gehlen (*Vom Wesen der Erfahrung* in *Blätter für deutsche Philosophie* X, jetzt in *Anthropologische Forschung,* Hambg. 1961, S. 37) fordert die »Gegenwärtigkeit ... großgezogener Instinkte der Auswahl und Vermeidung, ein gespanntes Bereitsein für das, was in der Richtung unserer tragenden Interessen liegt, und ein trainiertes Absehen, Abfühlen vom Nichtgewollten und Dahingestellten, eine auswählende Haltungsnorm. Was im Bewußtsein zugelassen werden soll, dort durchgearbeitet werden, muß von daher gesteuert sein, oder man ist ein Intellektueller oder Aufklärer«. – Heidegger (*Was heißt denken?* Tübingen 1954, S. 127) erklärt: »Die Aufklärung verfinstert die Wesensherkunft des Denkens«.

15 Helmut Heissenbüttel (*Texte und Zeichen 16,* Bln. – Neuwied 1957, S. 626f.) schildert den »Wassermaler«. Er malt auf Wasser, mit den Utensilien unseres Lebens, und er malt mit Schatten. »Eines Tages« spürte er »das Verlangen, eines dieser Schattenbilder zu photographieren«: »Bewahren überliefern vorzeigen mitteilen können, das war der Rückfall. Das war das Vergebliche.« – Vgl. hierzu die Anm. zu Hume, u. S. 196 ff.

16 Karl Bednarik, *Der junge Arbeiter von heute – ein neuer Typ,* Stg. 1953 (die erste eindrucksvolle Beschreibung nach diesem Krieg, auch wenn der romantische Ausweg – das Wiederentdecken des »personalen Prozesses«, vor allem in der »Vertikalen« – so wenig überzeugt wie der Aufschwung am Ende der zweiten Veröffentlichung: *An der Konsumfront,* Stg. 1957).

17 Helmut Schelsky, *Die skeptische Generation,* Düsseld. – Köln, S. 125 u. 76.

18 Hans Magnus Enzensberger, *landessprache,* Frf. a. M. 1960, S. 37 ff.

19 In den folgenden Anmerkungen werden nur wenige Anspielungen belegt. Die Abschnitte 4–7 erheben keinesfalls den Anspruch der Kategorien-Analyse. – Zu Aristoteles: vgl. seine Schwierigkeiten im 7. Buch der *Metaphysik,* die Materie zu entdämonisieren und die Einheit der Substanz zu behaupten. – Zu Descartes: »res« ist nicht das zum »Vorhandenen« erstarrte »Zuhandene« (das also aus dem gelassenen Umgang mit den Dingen herausgefallen ist, Produkt einer verdinglichenden Störung), sondern die entdämonisierte Mächtigkeit, die nicht länger ein zweideutiges beunruhigendes Gegenüber bildet. – Zu Kant: gemäß der Kategorientafel (*Kr. d. r. V.* A 80) in den »Analogien der Erfahrung«; Substanz ist bloß ein »Substratum alles Wechsels« der Erscheinungen« (A 184); zur »Identität des Substratum«: »Diese Beharrlichkeit ist indes doch weiter nichts, als die Art, uns das Dasein der Dinge (in der Erscheinung) vorzustellen« (A 186); zit. nach der Ausg. v. Schmidt, Phil. Bibl., Abdr. 1944.

20 Vgl. Hegels Gebrauch des Begriffs »Eigensinn« (eine

»Freiheit, welche noch innerhalb der Knechtschaft stehen«
– d.h. an dieser Stelle: bestehen – »bleibt«, *Phänomenologie*, Phil. Bibl. 1949⁵, S. 150).

21 Der Begriff »positiv« bezeichnete einmal (z.B. bei
Calvin) die nicht ableitbare abgründige Tiefe des von
Gott »gesetzten« Seienden (Schellings Begriff der »positiven« Philosophie zielt noch auf die unergründliche »Daß-
heit« der Dinge) und nicht das »bloß« Bestehende, in
seinem Bestand zu Registrierende; in der dämonischen
Verstocktheit des bloßen »Ist« (»aber es IST doch so«) hat
sich die Tiefe des Begriffs verzerrt erhalten.

22 Zum Begriff der »Konstellation«: ursprünglich »Stern-
bild« bedeutend, hat er den Schicksalsklang noch in einem
verblaßten Gebrauch behalten; er dient z.B. zur Beschreibung undurchschauter Geschichte; er ist tauglich zur Beschreibung von Methoden und Praktiken verschiedener
Gebiete, in denen er einen Ersatz für die »Schlüssigkeit«
älterer Verfahren bietet, z.B. in der Logik, in der Musik,
in der Theorie der Lyrik. Eine bemerkenswerte Beobachtung macht Karl Korn (*Sprache in der verwalteten Welt*,
Frf. a. M. 1958, S. 28f., dazu S. 150ff.): die »Infinitivo-
manie« der gegenwärtigen Philosophensprache hat die
Bedeutung des »Erscheinens von Aktion«; doch in Wirklichkeit verwandelt der Infinitiv »Aktion und Vorgang in
die Statik von Seins-Charakteren«; Aktion wird »ange-
schaute und registrierte« Aktion, die Begriffe sind »wie
Sternbilder, in die ein Vorgang eintritt«, und »was Aktion
genannt wird, sind nur … Konstellationen und Konstella-
tionsveränderungen.«

23 Bacon, *Novum Organum* I, 3: »Scientia et potentia hu-
mana in idem coincidunt, quia ignoratio causae destituit
effectum. Natura enim non nisi parendo vincitur: et quod
in contemplatione instar causae est; id in operatione instar
regulae est« (*Works*, Vol. VIII, Ldn. 1819). – Es ist eine
Aufgabe der Philosophiegeschichte, zu zeigen, wie in dem
modernen Kausalitätsbegriff aufklärerisches Denken des
Alten Testaments den Gedanken der griechischen Spekulation widerstreitet.

24 Die Kategorien als »Formen der Endlichkeit« unter-

sucht Tillich in seiner *Systematic Theology* I, Chicago 1951, Part II, Chapt. VIII.

25 Kant, *Kr. d. r. V.*, Transcendentale Ästhetik; »Eindimensionalität« § 4, § 6; »äußerlich« § 3.

26 Hegel, *Nürnberger Schriften,* Phil. Bibl. Lpz. 1938; dort: »Philos. Enzyklopädie für die Oberklasse« § 137 (§§ 135, 136 machen die Beziehung auf Kant deutlich); S. 269.

27 Heidegger, *Sein und Zeit,* S. 432.

28 Kant, *Streit der Fakultäten;* II, 5: »Geschichtszeichen« (signum rememorativum, demonstrativum, prognosticum); dazu *Matth.* 16, 3: »σημεῖα τῶν καιρῶν«; dagegen die σήματα Parm. B 8, 2; das »Fortschreiten zum Besseren«: Kant, l. c., die Frage des ganzen Abschnitts II; II, 6: französische Revolution; II, 8: die beiden »respublicae« und »Hirngespinst«.

29 Heidegger, *Unterwegs zur Sprache,* Pfullingen 1959, S. 209–15.

30 Der Begriff »Gemächte« (in dem die Sinnenfeindschaft des Parmenides sich fortsetzt: στυγερός ist das Beiwort für Paarung und Geburt im frg. 12 des Parmenides) taucht bei Heidegger verschiedene Male auf, zuerst wohl in *Vom Wesen der Wahrheit,* einem »seit 1930 mehrfach gehaltenen« Vortrag, der 1943 erschienen und 1949 in 2. Auflage unverändert abgedruckt worden ist. Dort, S. 21, heißt es: »Indem das Geheimnis (sc. das vergessene Geheimnis des Daseins) sich in der Vergessenheit und für sie versagt, läßt es den geschichtlichen Menschen in seinem Gangbaren bei seinen Gemächten stehen. So stehen gelassen, ergänzt sich ein ›Menschentum‹ seine Welt aus den je neuesten Bedürfnissen und Absichten und füllt sie aus mit seinen Vorhaben und Planungen.« Ungefähr zu gleicher Zeit (1941) verwirft Barth (*Eine Schweizer Stimme,* 1945) in einem Brief an Londoner Freunde »Pläne von Neuordnungen« für die Zeit nach dem Krieg. – Der Verratsbegriff, den der Verfasser in dieser Schrift entwickelt (»weder Gott noch sich selbst noch die große Stadt Ninive zu verraten«, o. S. 22), wendet sich auch gegen die Verräter-Suche. Er ist durchaus nicht ein abfertigender, sondern ein kritischer, weil selbstkritischer Begriff. Aber wenigstens

einmal möchte der Verfasser einen wohl begründeten Zorn (mit der reformatorischen Wendung »das fremde Werk der Liebe«) an einem Beispiel verdeutlichen, das zugleich erklärt, warum eine Vokabel Heideggers (»Gemächte«) mit der Wendung »Aber er verrät mit diesem sich und uns« gekoppelt worden ist. In den 1936 bis 1946 geschriebenen Aufzeichnungen zur »Überwindung der Metaphysik« (*Vorträge und Aufsätze,* Pfullingen 1954) wird unter III (S. 73) eine Katastrophe geschildert, die sich »schon ereignet« hat, durch die »die Erde in die Verwüstung und der Mensch zur bloßen Arbeit gezwungen werden«. Die »Weltgeschichte dieses Jahrhunderts« gibt »nur noch den Ablauf des schon Verendeten«. Am Schluß des Abschnitts (mit Anklang an Ernst Jünger) heißt es: »Das arbeitende Tier ist dem Taumel seiner Gemächte überlassen, damit es sich selbst zerreiße und in das nichtige Nichts vernichte.« Gegen den Gebrauch der Konjunktion »damit« in diesem Satz (auch wenn wir von jeder Interpretation der in ihm verwendeten Begriffe Abstand nehmen) richtet sich der Vorwurf des Verrats.

1 Hauptquelle bei Brecht: *Kleines Organon für das Theater,*
zuerst: Potsdam 1949; bewußt in Pathos und Stil dem Vorbild des von ihm verehrten Francis Bacon folgend.

2 Die gefährlich-gefährdete Rolle des Narren steht auf
einem religionsgeschichtlich dunklen Hintergrund. Be-
kannt sind die Zusammenhänge mit kosmischer Bedrohung und Totenkult (z.B. die Rolle des Narrenkönigs in
der kritischen, weil mit Gestaltlosigkeit drohenden Phase
des Jahresumlaufs; das kultische Narrentum bei Römern
und die Todessymbolik des Clowns; die sakrale Unantast-
barkeit des Narren und seine Opferfunktion). – Bilder der
»Verkehrten Welt« gehören in die gleiche Symbolik (Beispiele für das ausgehende Mittelalter, den Hintergrund der
Eulenspiegelgeschichten, bei E.R. Curtius, *Europäische Literatur und lateinisches Mittelalter,* Bern 1948, § 7 im Kapitel
»Topik«).

3 Aristophanes (in den *Wolken*) hat den Sokrates in einem
Korb über die Bühne hängen; er führt ihn als den Priester
eines philosophischen Aftermysteriums vor und läßt am
Ende seine Denkschule niederbrennen.

4 Kierkegaard: s. seine Magisterdissertation *Über den Begriff der Ironie mit ständiger Rücksicht auf Sokrates* sowie die
Abschließende Unwissenschaftliche Nachschrift (dort Ironie
das Incognito des Ethikers, Humor das des religiösen
Menschen). Die entscheidenden Bestimmungen stehen
im zweiten Teil der Dissertation. Dort wird die Definition
(Ironia als »infinita et absoluta negativitas«, These VIII)
erläutert: als die »erste abstrakteste Bestimmung der Subjektivität« – daß der Mensch »sich frei fühle« – mit der
Gefahr des »Schwebens« und dem »Enthusiasmus der
Vernichtung« in ihm. Der Ironiker ahnt »das Neue« –
darum läßt er »das Alte« sich durch sich selbst zerstören –,
aber hat es nicht. Kierkegaard kommt zu einem Verständnis der Ironie als der geschichtlichen Bewegung seiner

Zeit auf dem Hintergrund der Gegenüberstellung von
Sokrates und Chriſtus (vgl. die These I); dementsprechend
konfrontiert er den Ironiker und den Propheten. (*Begriff
der Ironie* in Übersetzung von Schaeder, München u. Bln.
1929, S. 211–21).
5 Zu Diogenes: s. die Darstellung bei Diogenes Laertius,
VI 2. – Ed. Schwartz (»Diogenes der Hund und Krates
der Kyniker« in *Charakterköpfe aus der antiken Literatur* II,
Lpz. 1911²) schildert ihn sehr reizvoll als Individualisten
und Philisterschreck; die dunkle Seite des Diogenes und
der Kyniker (das »Nicht-Gefunden-Haben«) kommt zu
kurz.
6 Grundlage der Eulenspiegel-Darstellung ist die Ausgabe von Konrad F. Bauer: *Ulenspiegel, achtundsechzig seiner
Geschichten nach den ältesten Drucken des Volksbuches,* Hamburg 1948; diese Nachkriegsausgabe erhält dem Stoff seine
Gefährlichkeit; für die Überlieferungsgeschichte und literarische Weiterverwendung des Stoffs verweise ich auf das
kurze kluge Nachwort Bauers.
7 Günther Anders: *Sein ohne Zeit,* eine Interpretation von
Becketts *En attendant Godot,* in *Die Antiquiertheit des Menschen,* München 1956, S. 215 ff. – Anders interpretiert die
sinnlose Parabel vom Menschen als eine Parabel vom sinnlosen Menschen; er rühmt den Clown, dessen Traurigkeit,
indem sie »das traurige Los des Menschen überhaupt ab-
spiegelt, die Herzen aller Menschen solidarisiert«; er sieht
in der »Farce« das »Refugium der Menschenliebe« und in
der »Komplicenhaftigkeit der Traurigen« den »letzten
Trost«; er schließt programmatisch: daß »Wärme« wichtiger sei als »Sinn«; »und daß es nicht der Metaphysiker
ist, der das letzte Wort behalten darf, sondern nur der
Menschenfreund«.
8 Sternberger (in den *Figuren der Fabel,* Bln. u. Frf. a. M.
1950) nimmt den Eulenspiegelgeschichten alle Gefährlichkeit; er sieht im Narren nur den Outsider, nicht einmal den
Moralisten; der Schilderer des 19. Jahrhunderts (*Pan-
orama*) macht die Eulenspiegelgeschichten (sie mögen ihm
wohl in einer geglätteten Ausgabe vorgelegen haben) zu
Parabeln der Resignation.

III Die Schwierigkeit nein zu sagen als das Problem der
Sprache im Zustand der Sprachlosigkeit

1 Hume, *Treatise on human nature,* dtsch. von Th. Lipps,
1912[3], Bd. I, Teil 4, 6. Abschn.: »Von der persönlichen
Identität«. – Wir »erdichten« Identität (dauernde Existenz,
Unveränderlichkeit, Ununterbrochenheit, vgl. Abschn. 2),
um »Unterbrechungen« zu beseitigen, wir »lassen … uns
zu dem Begriff einer Seele, eines Ich, einer Substanz verführen, um die Veränderung zu verdecken« (l. c. S. 329). –
Der Übersetzer (S. 327) macht Hume die bekannten Vorwürfe: daß er insgeheim Identität (wie auch Kausalität)
voraussetze, z. B. in Ausdrücken wie »bundle or collect-
ion« (»Hume übersieht, daß auch ein Bündel oder Zusammen mehr ist als eine Menge, daß es ein Bindendes
oder Zusammenfassendes in sich schließt«) und bemerkt
nicht, daß Hume hier (vgl. den von ihm dem 1. Buch bei-
gegebenen Anhang) eine Erschütterung des Selbstbewußt-
seins registriert, die mit dem Aussprechen eines logischen
»Restes« nicht geheilt werden kann. (Zur Zeit, in der die
genannte Übersetzung erscheint, demonstriert ein Schüler
der von Hume sich herleitenden Psychologie, Richard
Wahle, die erschreckenden Folgen (*Über den Mechanismus
des geistigen Lebens,* Wien und Lpz. 1906): der in allen seinen
Assoziationsreihen nach »Erlösung« »dürstende« Mensch,
der die ständig »gestörten« unter ständiger »Angst« zu
»restituieren« sucht, ist nur eine »Gespenstererscheinung«:
»Bei blühendem Bewußtsein sind wir wie Tote«; vgl.
meine Diss., S. 33–37; dort Nachweise.) – Die alarmieren-
den Feststellungen Humes sind später, in seinen berühm-
ten *Essays,* weggelassen worden. Bekanntlich ist der resignierende Hintergrund, auf dem sie stehen (die *Dialoge über
natürliche Religion*) zu Humes Lebzeiten überhaupt nicht
veröffentlicht worden: dort schließt der dem Autor ver-
trauenswürdigste (vgl. den Schluß) Gesprächsteilnehmer,
Cleanthes, nicht mehr, wie alle vorher, vom vollkom-
menen Baumeister auf die vollkommene Maschine, der

dieser ein in allen Teilen harmonisches Funktionieren garantiert, sondern umgekehrt: von der harmonisch funktionierenden Maschine auf den Erbauer. Erst auf diesem Hintergrund ist der Schock der »Unterbrechung« und »Veränderung«, die zu der Annahme einer sie verdeckenden »Identität« verführen, zu verstehen: als das Fragwürdigwerden der Harmonie. Der gleiche Philosoph, der den Selbstmord wieder freigibt, tut das nicht mit der Argumentation der Stoiker, sondern mit dem schwachen Trost, daß »unsere natürliche Furcht vor dem Tode« so groß sei, daß »kleine Beweggründe nie im Stande sein werden, uns mit ihm auszusöhnen« (Über Selbstmord, übers. v. Paulsen, Lpz. 1877): ein schwacher Trost, der die größeren geradezu herbeizuziehen droht. – Ich gebe diese Hinweise, um zu demonstrieren, daß Kants Unternehmen (vgl. dessen Zentrum, die transzendentale Deduktion, in beiden Auflagen der *Kritik der reinen Vernunft*) nicht nur ein theoretischer Dammbau gewesen ist. Erkauft durch Zwänge (die verschiedenen so mühsam aufeinanderabzustimmenden Synthesisfunktionen) gibt es einmal noch die eine durch Vernunft geeinte Welt, darstellbar in einer vernünftigen Sprache. Der Sicherheit des Fortschreitens auf ein Reich wachsender Vernunft zu (dies die helle, aufklärerische Seite Kants: vgl. den Hinweis auf seine Raum- und Zeitanalyse, Text S. 82 f.) entspricht eine dunkle Seite: Einsicht in den Zwangscharakter einer Identität, die nur für den Bereich vernünftigen Sprechens (Kategorien) gilt. Von dem Moment an, in dem diese Begrenzung formuliert worden ist, kämpfen miteinander zwei Richtungen des Denkens: eine, die das Zerbrechen der Sprache hinnimmt zugunsten einer »tieferen« nicht-sprachlichen Identität (statt das Wachsen der Vernunft zu erhoffen, vertraut diese der Vernunft des Wachsens oder dem tieferen oder ungebrochenen Gefühl) und eine, die sich, bis zu völliger Entleerung, auf die unangefochtene Identität vernünftigen Sprechens beruft. Die Größe aller nachkantischen Philosophien bemißt sich an der Eindringlichkeit, diese Kluft nicht nur zu überbrükken, sondern zu versöhnen. Ausdrücklich ist alle nachkantische Philosophie eine Philosophie der Möglichkeit der

Sprache auf dem Hintergrund der mit Verstummen drohenden Sprachlosigkeit, und Literatur, die nicht das Problem der Sprache stellt und beantwortet (keineswegs eine Spezialität Hölderlins), ein Rennen in Sprachlosigkeit. – Aber die hier manifest werdenden Probleme sind so alt wie die menschliche Geschichte, und die Antworten auf sie formulieren diese immer neu. Sie nicht in einer einzigen aufgehen zu lassen (auch wenn diese als eine sehr »alte« oder die »älteste« ausgegeben wird), ist eines der Ziele, die sich diese Arbeit setzt.

2   *Kr. d. r. V.,* transzendentale Deduktion, B 131/2.

3   Zu Leibniz vgl. *Die Vernunftprinzipien der Natur und der Gnade,* Nr. 14, sowie den Gedankengang der Monadologie.

4   Für Nic. v. Cues vgl. in der Darstellung bei Volkmann-Schluck (*Nicolaus Cusanus,* Frf. a. M. 1957, II 3–5, III 1) die christologische Rolle der »mens« (dort Belege).

5   Zur Geschichte des Zerbrechens der religiösen Qualität des Apriori-Begriffs bei gleichzeitigem Festhalten an dem universalen Anspruch, den dieser verbürgte: vgl. die religionswiss. Diss. von Ruth Schlesinger *Probleme eines religiösen Apriori,* Bln. 1959, eine den Weg der Enttäuschung eindringlich nachzeichnende Diskussion der Positionen von Otto, Scheler und Troeltsch.

6   Zum Begriff der »Ursprungsmächte«: vgl. die 1932 geschriebene, 1933 verbotene Schrift von Paul Tillich: *Die sozialistische Entscheidung.* Hinter diesem Titel verbirgt sich eine geschichtstheologisch fundierte Analyse der Zeitsituation unmittelbar vor der nationalsozialistischen »Machtergreifung«.

7   Im Zusammenhang mit dem »clare et distincte« des Descartes (*Discours* IV) vgl. die Trennung von Vernunft und Affekt im 59. Lehrsatz des IV. Teils der *Ethik* Spinozas sowie Bacons aufschlußreiche Interpretation der Ödipusgeschichte »Sphinx, sive scientia« (*De sapientia veterum* Nr. 28), die den Triumph des Rätsellösers abtrennt von dem weiteren Schicksal des Ödipus und so den Ödipus-»Komplex« zerstört.

8   Vgl. dagegen den Standpunkt Freuds: letztes Kap., VI 2.

9 »phainomenon« und »hermeneuein«: methodologische Grundbegriffe Heideggers in *Sein und Zeit,* S. 28–38; dort sind die »Sachen« ihres Konfliktcharakters entkleidet: unter der Herrschaft eines logos, der »schlichtes Sehenlassen« bedeutet, soll Phänomenologie »das, was sich zeigt, so wie es sich von ihm selbst her zeigt, von ihm selbst her sehen lassen«. Zwar fordert Heidegger, daß diese Forschung »gegen sich selbst in einem positiven Sinne kritisch« sei. Doch Kritik heißt nur, daß die »ursprünglich geschöpften« Begriffe und Sätze, die schon durch ihre »Mitteilung« zu »entarten« drohen, vor dem Verluste ihrer »Bodenständigkeit« geschützt werden müssen. Der in *Sein und Zeit* entwickelte Begriff der »Kundgabe« (und später der konfliktfreie, spannungslose der eigentlichen Rede: »Mitteilung« ist »Heraussage« ohne Spannung, Widerspruch und Gegenüber; § 34) lassen erkennen, daß der »Hörigkeits«- und »Monolog«-Charakter der Sprache in seinen späteren Schriften nicht die Folge einer »Kehre«, sondern einer ungebrochenen Entwicklung ist. Heidegger ist, entgegen Löwiths Bedenken, durchaus im Recht, wenn er die Folgerichtigkeit seines Denkens durch Verweise auf frühere Schriften betont.

10 Für die Probleme einer Theologie des »Wortes« (»Wort Gottes« in seinen verschiedenen Bedeutungen, »creatio ex nihilo« als die »klassische Formel« der Beziehung zwischen Gott und Welt) vgl. Tillich, *Syst. Theology* I u. II. Hier kann nur so viel aus den Problemen einer systematischen Theologie erörtert werden, als für das in diesem Kap. gesteckte Ziel (die Möglichkeit eines Protestierens im Zustand der Sprachlosigkeit) erforderlich ist.

11 Vgl. hierzu die Heidegger-Interpretation, Text S. 142ff.; dort Stellennachweise in den Anmerkungen. – Zu »angefochten« s. *Sein und Zeit,* S. 299: »Die Entschlossenheit« (d. i. »eigentliches Selbstsein«, S. 298) »bedeutet Sich-aufrufen-lassen aus der Verlorenheit in das Man. Die Unentschlossenheit des Man bleibt gleichwohl in Herrschaft, nur vermag sie die entschlossene Existenz nicht anzufechten.«

12 IST: das starre Übersetzungswort bei Diels-Kranz, Parm. frg. 2 u. 8. Obschon in der dort vorgeschlagenen

Übersetzung irreführend (denn nicht »IST ist«, sondern
»es«, nämlich das nicht sofort genannte, dann aber von
der Göttin enthüllte εἶναι bzw. ἐόν), gibt es die Starre einer
diesem Seinsbegriff entsprechenden Diktion exakt wieder.–
Zu den umschreibenden Wendungen (sämtlich Heidegger-
Stellen): »Die Sprache spricht« ist Schlüsselwort in *Unterwegs zur Sprache,* ihm entsprechend menschliches Sprechen
bloßes »Nachsagen« und »Entsprechen« (S. 32 f., 265 f.).
»Das Sein heißt denken« beantwortet die in *Was heißt
Denken?* gestellte Frage, wobei »heißt« den imperativischen
Sinn von »befiehlt« erhält; nicht der denkende Mensch ist
Subjekt, sondern das Sein. Das »Selbe« ebenso wie »Es«
(z. B. in »Es gibt«) gehört zu den in den Spätschriften be-
vorzugten Mysterienworten; mit seiner Hilfe kann Heidegger Parm. frg. 3 (»dasselbe nämlich ist denken und
sein«) so übersetzen, daß τὸ αὐτό in das Subjekt des Satzes
verzaubert wird und ἐστίν in einen transitiven Ausdruck
des Gewährens. Vgl. »Moira« in *Vorträge und Aufsätze,*
S. 249; zur Parmenides-Interpretation ferner: *Einführung
in die Metaphysik,* Tbg. 1953, IV 2, und *Was heißt Denken?*
2. Teil; dort auch – 1. Teil, S. 20 – beschwörend vom Selben: »Vom Selben sprechen wir jedoch nur dann in der
gemäßen Weise, wenn wir vom Selben immer das Selbe
sagen und zwar so, daß wir dabei selbst vom Selben in den
Anspruch genommen werden«; dies die Gegenposition
zur Forderung des Übersetzens.
13 *Joh.* 1, 1–18; 14, 1–14; dagegen vgl. z. B. Heraklit
frg. 50.
14 *Gen.* 11, 1–9.
15 *Apg.* 2.
16 Walter Benjamin, *Schriften,* Bln. u. Frf. a. M. 1955;
vor allem: *Über die Sprache überhaupt und die Sprache der
Menschen* (eine »ungemein exponierte Jugendarbeit«,
Adorno) II 401 ff. und seine Essays über *Die Aufgabe
des Übersetzers* I 40 ff. und *Über das mimetische Vermögen* I
507 ff.; Versuche, die in der Tradition jüdischer Mystik
stehen (vgl. dazu die Schriften von Scholem). – Das Schöpfungswort kehrt durch alle Medien der Wirklichkeit hindurch, die dichteren ständig übersetzend in weniger dichte,

zu Gott zurück. Die dunkle Seite: der Sündenfall als »Fall«
aus der »reinen Sprache des Namens« in die der vermit-
telnden »Zeichen«. Die Vertikalität der Bewegung bezeichnet zugleich die Grenze des Übersetzungsbegriffs:
»Die Sprache der Natur ist einer geheimen Losung zu ver-
gleichen, die jeder Posten dem nächsten in seiner eigenen
Sprache weitergibt. Der Inhalt der Losung aber ist die
Sprache des Postens selbst. Alle höhere Sprache ist Übersetzung der niederen, bis in der letzten Klarheit sich das
Wort Gottes entfaltet, das die Einheit dieser Sprachbewe-
gung ist« (l. c. II 419).

17   2. *Mos.* 3, 13 f.

18   Der Begriff »sprachlose Generation« wird hier als Ge-
genbegriff zu dem durch Schelsky eingeführten und ent-
werteten Begriff einer »skeptischen Generation« verwen-
det. Schelsky hat das Kunststück fertigbekommen, den
Begriff »skeptisch« zu einem Synonym für Einverständnis
umzufunktionieren: die von Jugendbewegung und politi-
scher Jugend Enttäuschten bewahren sich skeptisch vor
allem, was Enttäuschung bereiten kann; der Begriff skeptisch bezeichnet die ölhäutige Gelassenheit dessen, der
nichts an sich herankommen läßt, und prämiert sie. Eine
Auseinandersetzung mit diesem Buch (*Die skeptische Generation,* Düsseldorf – Köln 1957) verbietet sich an dieser
Stelle. Hier sei nur noch einmal daran erinnert, daß
Schelsky Sprachlosigkeit, wo er sie sieht, als einen Ausdruck des Funktionierens, des endlich Eingepaßtseins, der
Sprachunbedürftigkeit versteht. Das Ziel, das Schelsky
im Sinne hat: die »zeitlose Stabilisierung des sozialen Verhaltens und der sozialen Stellung der Jugend in der modernen Gesellschaft« (S. 125); er sympathisiert mit allem, was
der Stabilisierung dient, auch mit einer Erziehung zur
institutionalisierten Schizophrenie (S. 124); die »skeptische Generation« ist nicht »skeptisch«, sondern »nur die
deutsche Ausgabe der Generation, die überall die indu-
strialisierte Gesellschaft konsolidiert« (S. 493). Es ist erschreckend, zu sehen, wie ein namhafter Soziologe (objektiv beschreibend, nichts hinzutuend, sorgfältig alle Urteile
abwägend) resigniert und jawohl sagt. Oder in seiner

Sprache: eine »Gegenwartsanalyse realsoziologischer Art«, verbunden mit »faktendiagnostischer Selbstreflexion«. – Um wenigstens ein Beispiel einer nicht resignierenden Kritik zu nennen, verweise ich auf das Taschenbuch des Hamburger Pädagogen H.H. Muchow *Sexualreife und Sozialstruktur der Jugend,* Hamburg 1959, ein mit Liebe geschriebenes Buch. – Zum Begriff »sprachlose Generation«: er bezeichnet auch literarisch das Endstadium eines Weges. In der *Menschheitsdämmerung* (1920) war die vereinigende Macht der Sprache in »Schrei« und »Stummen« noch bewahrt. »Tief stummen *wir*« dichtet August Stramm vor dem ersten Weltkrieg. Heute nennt Ingeborg Bachmann den Mund die »Mulde *meiner* Stummheit« (1953, in der *Gestundeten Zeit),* und aus »Schrei« ist bei Ginsberg *Howl* (1956) geworden und bei Enzensberger in der zur *landessprache* (1960) provinzialisierten Sprache ein »mundtotes würgen«; das »frankfurter allgemeine geröchel«; »gewimmer«. Die »botschaft« holt der Taucher herauf. Sie lautet: »die stumme muschel hat recht / und der herrliche hummer allein / recht hat der sinnreiche seestern«. In dem *Kassiber* (Schnurre, 1956) steht: »Es ist Zeit zu erstarren.« Und in dem Gedicht »anwesenheit« (noch einmal Enzensberger) heißt es (und wir denken einen Augenblick daran, daß »Anwesenheit« bei Heidegger der magische, Anwesenheit ertrotzende terminus war für Sein): »ich bin ein einstiger mann. / einst ist mir niemand erschienen, / einst wird er wiederkommen. ich harre / und warte nicht, sondern harre nur: / niemand wie eine monstranz, / niemand, ein schiff aus wind, / niemand unter den wurzeln, hier, / an einem tag ohne geiz, / wie eine auster aus rauch.«

19 Es ist bezeichnend, daß die Methode des »Übersetzens« überall auf dem Hintergrund der prophetischen Religion des Alten Testamentes steht. Ich nenne vier Kronzeugen für meine Behauptung: Martin Buber (vor allem seine Interpretation der Prophetenrolle und seine und Rosenzweigs Bibelübersetzung); Eugen Rosenstock-Huessy (vor allem seine *Soziologie* I/II; neuerdings *Zurück in das Wagnis der Sprache,* dtsch. Bln. 1957, eine Abrechnung Heraklits mit Parmenides); Walter Benjamin (die o. Anm.

16 genannten Schriften); Paul Tillich (in seiner Christologie ist »Wort Gottes« das »Neue Sein«; das macht die von ihm so genannte Methode der »Korrelation« – von menschlichem Fragen und der zu neuem Fragen treibenden göttlichen Offenbarung – zu einer des ständigen, Leben erhaltenden Übersetzens).

20 Zu den drei Beispielen im Text: Springen, Sich-Blockieren, Bezauberung durch die stummen unendlich bedeutsamen Gegenstände. – »Springen« ist hier terminus. Er kann deutlich machen eine in dieser Arbeit überall angewandte Technik: Begriffe einzuführen, die sich durch ihren Gebrauch definieren (dies die Wahrheit in Wittgensteins Begriff des »Sprachspiels«; seine Unwahrheit: daß solche Begriffe den Gebrauch nicht überschreiten; der Beweis: die Verständigung, die auch durch den Begriff »Sprachspiel« gelingt; Wittgenstein, der eine so große Faszination ausübt auf die literarische Jugend, die nur mit der Heideggers verglichen werden kann, tut es aus gleichem Grund: »Geläut der Stille« und Schweigen »darüber« – *Tractatus* 7 – sind eines). Begriffe, die so eingeführt werden (»Induktion«), beweisen ihre Eignung in dem Widerstand, den sie bieten, auf den der sie Gebrauchende sich stützen kann (»Widerstand« dieser Art ist eine Entdeckung Freuds; er bezeichnet nicht ein Sich-Sträuben, sondern den Übersetzungswiderstand in einer therapeutischen Situation, der keinem der Partner allein, sondern der Situation angehört: ein methodologisch ganz unausgeschöpfter Begriff). Die Begriffe werden durch den Gebrauch nicht nur erläutert, sondern erprobt. Wenn irgendwo ausdrücklich definiert, werden sie durch solche Definition nur noch festgehalten. – Zum Springen: vgl. die Vorbereitung S. 40, »Springen« als Systematisierung des »Taumelns«; ferner S. 49: den »immer nur Abfahrenden« (Odysseus), der ein Licht wirft auf eine bestimmte Form des Reisens, die ebenfalls das Sich-Bewahren vor der verstrickenden Sprache meint durch nicht verstrickende; S. 55 f.: das »Umsteigen« von einem Schiff aufs andere Schiff in Brechts »Ballade auf vielen Schiffen« und die Situationen, in denen das nicht mehr gelingt; die Demon-

stration des Verfahrens im Denkmodell (der soz. proto-
kollierende Gedankengang II dieses Kapitels); schließlich
(u. S. 128) das Nichthaften-Bleiben als Gegenstück in der
buddhistischen Kontemplation. Diese Aufzählung soll einmal anhand eines Beispiels die Arbeitsweise des Verfassers
erläutern: jede der Wiederaufnahmen (es sind nicht alle
genannt) hat einen Stellenwert; sie erläutern sich gegen-
seitig durch Festlegung der Widerstände, die der jeweilige
Begriff und die ihm verwandten bieten. – Zum Sich-
Blockieren: nur ein Hinweis auf die zahlreichen Situationen in unserer Gesellschaft, die sich durch ein Inselmodell
beschreiben lassen. Isolierung hat dort von Natur den
Schein des Ganzen, wo eine überschaubare Insel ihren
Bewohner ins Zentrum setzt. Darum: die Inselsehnsucht;
die Ansiedlung der Utopien auf Inseln; die Herstellung
künstlicher Inseln: Inseln aus Licht und Inseln des Bewußtseins, Enzensbergers »austern aus rauch«, optische
und akustische Inseln (z. B. das Inseln-Schaffen in der
Innendekoration); die Faszination der schwimmenden Inseln bis hin zu dem Menschen solidarisierenden Begriff der
»Insel im Weltenraum«. – Zu den stummen alles bedeutenden Gegenständen: die Faszination schon des meditierenden Begriffes »Ding«; in Philosophie und Lyrik lange ein
Kultbegriff, ehe der dazugehörige Kult in einer meditierenden Mode (die zu Unrecht als dekorativ bezeichnet
wird: sie meint nicht Schmuck, sondern Sprachersatz) eine
der aufdringlichsten Erscheinungen unserer Umwelt geworden ist; vgl. auch die Hinweise in Anm. 1 zum Exkurs über
Buddhismus.

21 Eine Konsequenz sei noch einmal ausdrücklich betont: das Denken in (und Lamentieren über) Ersatz ist
nicht das Charakteristikum einer technischen Welt, sondern des Ursprungsdenkens. Das Dilemma wird deutlich
schon im archaischen Kult: Ist der Maskenträger der Ahn
oder nicht der Ahn? Ist die neu verfertigte Maske noch
die alte oder nicht? (Vgl. hierzu die erhellende Darstellung
in der religionswissenschaftlichen Dissertation von Joa-
chim Moebus: *Ursprungsmythos und die zeremoniale Verfertigung von Masken,* Bln., im Druck.) Oder: Ist das hei-

lige Wort noch das unverzerrt ursprüngliche Wort oder nicht? (Vgl. hierzu die erbitterten Kämpfe in allen Religionen um bzw. gegen die Übersetzung heiliger Schriften, die Fetischisierung unverstandener Formeln und ritueller Texte in Kirchensprachen, deren die Verlesenden oder Rezitierenden selbst nicht mächtig sind: in der Geschichte der Bibel und ihrer Übersetzungen; im Festhalten am arabischen Koran oder seiner Wiedereinführung heute in der Türkei; in der Geschichte der Veden.) Es ist unmöglich, diesem Dilemma zu entgehen: die Gebrochenheit, die aufdringlich vor Augen steht, ungeschehen zu machen im Ursprungsdenken. Tödliche Tabus umgeben die »unsicheren« Sphären, an denen der Bruch anschaubar ist: die Verfertigung der Maske, das Abweichen vom Wortlaut, z.B. ein Sich-Versprechen in der Rezitation des Leben erhaltenden Textes, die geringfügigste Änderung des Rituals (vgl. hierzu die Schilderung der Zuni-Rituale bei Ruth Benedict, *Patterns of Culture,* 1934). Gar nicht aufzuzählen sind die Praktiken, Neues als Altes einzufangen und erträglich zu machen: von der leibhaftigen Adoption oder der unverzüglichen Legendarisierung und Mythifizierung geschichtlicher Gegenwartsereignisse bis zur Institutionalisierung unsicherer oder reformatorischer Personen als Schamanen, d.h. als »Fachleuten« für den unsicheren Zwischenbereich. Das Wissen von der Ohnmacht aller Überbrückungen des Bruchs, das ständige Schwanken zwischen rauschhafter Vereinigung und dem Alleingelassensein in einer Ersatzwelt ist die Quelle tiefer Angst. Sich-Identifizieren-Müssen mit Mächten, die den nicht Sich-Identifizierenden zu verschlucken drohen und den, der sich identifiziert, dennoch nicht annehmen, kann die Praktiken, die Annahme erzwingen sollen, steigern bis zu einem Zwangssystem. Umgekehrt (wie wir heute aus den Berührungen derartiger Systeme mit unserer eigenen Welt wissen) ist das Zerbrechen derartiger Systeme nicht Befreiung, sondern das Zerbrechen des der Formlosigkeit ausgesetzten Lebens. Das Problem einer »Mission«, die hier eine große Aufgabe hätte, innerhalb und außerhalb der Kirchen, wäre eines der Übersetzung: die starren Systeme zurückzuübersetzen in die Konflikte, auf die sie einmal Antwort gegeben haben, und die neuen Antworten zu übersetzen als Antworten auf die alten Konflikte. – Vgl. in diesem Zusammenhang die Gedanken Rosenstock-Huessys über das »Gleichzeitigmachen« im 2. Band seiner großangelegten, theologisch fundierten *Soziologie*. Dort wird das Problem Kierkegaards: wie kann der Christ sich dem Christus gleichzeitig machen? zu dieser Konsequenz gebracht: die universale Funktion des Christus sei es (wie partiell die der Ahnen im Stamm oder der Gestirngötter und Gottkönige in den alten »Reichen«), die »Ungleichzeitigen« (der Generationen in der Gesellschaft und der Gesellschaften untereinander) »gleichzeitig« zu machen. – Diese knappen religionsgeschichtlichen Hinweise sollen dem Wiedererkennen einer alten Schwierigkeit unter neuen Verhältnissen dienen. Überall, wo die Dialektik von Ursprung und Degeneration (vgl. die o. zitierte Heidegger-Stelle: *Sein und Zeit*, S. 334), wirklicher Welt und Ersatzwelt das Denken beherrscht, kann eine Philosophie des Wissens oder Nichtwissens keinen Ausweg bieten. Sie gehorcht der gleichen Dialektik. Der Wissende hat das wahre oder wirkliche oder ursprüngliche Sein, der Unwissende den Ersatz. Die Fragestellung, die aus diesem Dilemma herausführen kann, ist die von Übersetzen oder Übersetzungsersatz. Aber auch Übersetzungsersatz ist mißlingendes Übersetzen. Diese Frage ist das zentrale wissenschaftstheoretische Problem einer Dialektik von Treue und Verrat.

22 Vgl. Walther Braune, *Der islamische Orient zwischen Vergangenheit und Zukunft | Eine geschichtstheologische Analyse seiner Stellung in der Weltsituation* (Bern 1960), wo, besonders S. 184ff., die Zustände beschrieben werden, die eine auf uns blickende fremde Gesellschaft uns als unseren eigenen Spiegel vorhält. »Indifferenz« ist ein zentrales Thema dieses Buches.

1   Zur Verarbeitung des Buddhismus: die letzte große Darstellung in Heinrich Zimmers nachgelassenem, von Joseph Campbell herausgegebenem Werk *Philosophie und Religion Indiens,* dtsche. Ausg. Zürich 1961; kennzeichnend für die buddhistische Verlockung heute: die erstaunliche Zahl von Taschenbuchausgaben fernöstlicher, vor allem zenbuddhistischer Texte und der Erläuterung derartiger Texte durch einheimische Autoren (an ihrer Spitze Suzuki); der Einfluß der Haiku-Poesie auf die Lyrik und der einer Meditationskunst auf alle europäischen Künste: vor allem Malerei, Film und Architektur, bes. Innenarchitektur. – Diese vierte große Welle »fernöstlichen« Einflusses (nach der Chinoiserie und Japanoiserie des 18. Jahrhunderts, der Todesbereitschaft des 19. Jahrhunderts – Schopenhauer, Fechner – und der Atmansuche der zwanziger Jahre dieses Jahrhunderts) wächst noch an. Sie hat den meditierenden Charakter (vgl. das vorige Kap., VII: die stummen alles besagenden Gegenstände an Stelle einer verstrickenden Sprache) des Zen, der auch in seinem Ursprungsland schon oft den Vielbeschäftigten als Ausgleich diente. – Eine seismographische Übersetzung dieser Welle: die neueren Schriften Heideggers (vgl. z.B. die ausweichende Funktion seines Begriffs »Gelassenheit«; vgl. die auch auf seinen »Denkweg« zurückschauenden Interpretationen in dem subtil geschilderten Gespräch mit einem Japaner in *Unterwegs zur Sprache*). – Erläuternd beschäftigen sich mit dieser »Welle«, soweit ich sehe, erst zwei deutsche Autoren in Taschenbüchern: Ingeborg Y. Wendt, *Zen Japan und der Westen,* und Klaus Th. Guenther, *Protest der Jungen,* beide München 1961. Guenther beschreibt den starken Einfluß von Zen auf die »beat generation« (ein in deren Ursprungsland viel diskutiertes Problem) und sieht den Grund der Faszination (z.B. des Ryoanji-Gartens, einer Wüste mit wenigen auf ihr verteilten Steinen) in der geformten Leere. I. Wendt ist optimistischer; nach

Betonung des japanischen Andersseins entläßt sie den Leser mit existentiellem Trost: Zen lehrt uns unsere »Schwäche aushalten«, er »wirft uns vom Denken ins Sein«.

2 Für die unendlichen Schwierigkeiten einer ernsthaften Meditation mit dem Ziel des »definitiv freimachenden und nicht haftenbleibenden Samadhi« (Ausdruck für Meditationsübung, zugleich Bezeichnung des Versenkungsgrads) ein einziges eindringliches Beispiel: A. M. Pozdnejevs Studie über *Dhyana und Samadhi im mongolischen Lamaismus* (dtsche. Ausg. von Unkrig, Hannov. 1927, in *Untersuchungen zur Geschichte des Buddhismus und verwandter Gebiete* XXIII). – Sein Gewährsmann zählt ihm eine Stufenleiter von 116 Samadhistufen auf, deren jede Dutzende von Samadhis umfaßt: Übungen für viele Kontemplantenleben. Der Kontemplant z.B., der die Samadhistufe der völligen »Einfalt« erreicht hat, hat die entscheidenden Stufen erst vor sich: die der grenzenlosen Leere; und, sobald sich diese als seine Vorstellung (Raum) entpuppt, erst jenseits ihrer die des schrankenlosen inhaltslosen Wissens; und, sobald er dessen Seinscharakter (Zeit) durchschaut, die des alle Illusionen verwerfenden Nichtseins; und, da Leidenschaft und Verfinsterung sich auch an dieses hängen, jenseits seiner die Verneinung von Denken und Nichtdenken, Verneinen und Nichtverneinen usf. Eindrucksvoll ist Pozdnejevs Schilderung der lebenverschlingenden dämonischen Selbstzerstörung durch Kontemplation.

3 Zu Meditation und Kontemplation als einer priesterlichen rituellen Vereinigung von Himmel und Erde, die diese zum Abbild des gestirnten Himmels macht, einem so festen totenstarren Reich wie er: vgl. die anregenden Überlegungen Rosenstock-Huessys (*Soziologie* II, Stg. 1958: *Die Vollzahl der Zeiten,* bes. S. 390 ff.) zur Soziologie der »Reiche«.

4 Daisetz Taitaro Suzuki, *Der westliche und der östliche Weg* (*World Perspectives V,* dtsch. von L. u. W. Hilsbecher, Anhang S. 121 ff.: »Kreuzigung und Erleuchtung«) Bln. 1960, Ullsteintaschenbuch. – Dieses Buch ist dadurch besonders aufschlußreich (Originaltitel: *Mysticism: Christian and Buddhist*), daß es Meister Eckhart (Heideggers »alten Lese- und Lebemeister« im *Feldweg*) mit Zen vergleicht.

IV Die Schwierigkeit nein zu sagen als das Problem des Widerstandes in den Bewegungen der Selbstzerstörung

1 Der Begriff »Einfaches Leben« (Titel eines vielgelesenen Buches, das im Jahre des Ausbruchs des zweiten Weltkrieges erschienen ist) hat seinen protestierenden Charakter fast ganz eingebüßt. Die Zweideutigkeit dieses Symbols (es wehrt sich gegen die Zerreißung und leugnet zugleich den zerreißenden Konflikt) ist eines der großen Themen der Religionsgeschichte. Hier nur ein Hinweis auf das »Einfache« in der neueren deutschen Philosophie: an seiner Wurzel, bei Feuerbach, sind alle Ingredienzien schon da; Kult der zweideutigen Naturmächte als Erlöser von der Zweideutigkeit, das Pochen auf die Ehrlichkeit und Redlichkeit des Einfachen und die Verdächtigung der »speculativen Philosophie« als eines Beispiels »von schädlichen Einflüssen der verpesteten Stadtluft« (Brief an C. Riedel von 1839, *Werke* II, Stg. 1959², S. 393). Allerdings protestierte der Begriff noch gegen die Entwirklichung der Wirklichkeit in ihren »realen«, »sinnlichen« Verhältnissen. Zur heutigen Position des Begriffs: vgl. Heidegger, der 1929, nach Ausführungen über »Dienststellung« und »Führerschaft« von Forschung und Lehre, eine »befeuernde Einfachheit und Schärfe des Daseins« in der »wissenschaftlichen Existenz« verkündet (Freiburger Antrittsvorlesung: *Was ist Metaphysik?* Bonn 1929, S. 9) und der nach diesem Krieg den »Verzicht in das Selbe« lehrt: die Toten zweier Welt-Kriege sind »vor der Zeit geopfert«, »das Einfache ist noch einfacher geworden« (*Der Feldweg*, Frf. a. M. und Butzbach 1953).

2 Brecht, vgl. Exkurs über Odysseus und Herrn K., II.

3 Herbert Marcuse (*Eros and Civilization*, Boston 1955, dtsch. Stg. 1957 *Eros und Kultur*) schildert in Orpheus und Narziß die »Urbilder« der Befreiung. Sie verkörpern die »Große Weigerung«, den Schmerz der Trennung zu ertragen, den die Zivilisation auferlegt. In der »vom Kulturhelden Prometheus symbolisierten Welt ist es die Vernei-

nung aller Ordnung«, aber zugleich die »Ahnung« einer »neuen«, vom Zwang befreiten Ordnung: in »Gesang« und »Spiel« (Orpheus), in »Schönheit« und »Kontemplation« (Narziß). Die sehr schönen, hellen Aspekte des Marcusischen Buches erklären eine dunkle Seite des Narzißmus nicht: das sadistische und masochistische Element in ihm, die Suche nach dem eigenen Widerstand, Flucht nicht nur vor dem Zwang, sondern auch vor dem Grenzenlosen in die tödliche Begrenzung.

4 Vgl. Heideggers Todesanalyse in *Sein und Zeit,* 2. Abschn., 1. Kap.

5 Sie haben z. B. den Charakter von Einweihungsriten und Opferritualen, und die Kränze, die dem toten James Dean nachgeworfen wurden in die Schlucht, ließen ihn als ein stellvertretendes Opfer erscheinen.

6 Bloch, *Philosophische Grundfragen I, Zur Ontologie des Noch-Nicht-Seins,* Frf. a. M. 1961, S. 41 ff.: »Einsichten in den Nihilismus und die Identität«, zit. S. 50 f.; dazu vgl. *Das Prinzip Hoffnung* I, Bln. 1954, S. 332 ff., und die Kritik an Hegel: *Subjekt-Objekt,* Bln. 1952, S. 142 f. – Zwei terminologische Bemerkungen: Blochs Begriff des »Stockens« und des »Gestockten« gehört in das Bild des stoßenden, drängenden, treibenden Prozesses hinein, den er so eindringlich beschreibt; der in dieser Arbeit immer wieder verwendete Begriff des »Verstockten« steht in dem Zusammenhang einer Dialektik von Treue und Verrat, die in jenem »Prozeß« (an dessen Anfang das Chaos steht, der gärende gestaltlose Urgrund, und an dessen Ende das »Alles« oder »Nichts«) nicht aufgeht. – Bloch sagt (»Einsichten« S. 47): »Nicht als Nicht-Haben ist gerade also von Haus aus die suchende, gärende Leere, um die alle Dinge noch gebaut sind, nicht die süchtige, saugende, die sie verschlingt«. Hier ist die »süchtige, saugende« Leere eine Beschreibung der »zehrenden Sucht« (l. c. S. 50), immer in der Richtung des Haben-Wollens, des In-Sich-Einsaugens der Dinge, und nicht eine Beschreibung des Sogs, des Gehabt-Werden-Wollens, des »Eingesogenwerdens« mit den Dingen zugleich; s. dieses Kapitel.

7 Wir denken an Kierkegaards Definition (Angst der

»Schwindel der Freiheit«) und Sartres eindringliche Beschreibung dieser Situation: den Mann am Abgrund, der sich schon in der Tiefe liegen sieht (*L'être et le néant,* dtsche. Ausg. S. 90 ff.). Dieser Mann kennt nicht den »Sog«; nur den »Schauder« vor den »äußeren Möglichkeiten«, die ihn in den Abgrund fallen lassen könnten, und das Schwanken zwischen diesen, die ihn verdinglichen würden, und seinen »eigenen«, mit denen er sich gegen diese zur Wehr setzt. Die »noch undeterminierte Zukunft« (die der Schaudernde ist und zugleich nicht ist) erzeugt den »Schwindel«: die Angst, abzuhängen von dem noch nicht seienden Ich, das doch von dem seienden nicht abhängt. Erst dieser Angst entspringt die Vergegenwärtigung der zukünftigen Möglichkeiten (sich unten liegen sehen etc.). Aber sie können so wenig »den Selbstmord hervorbringen«, wie der »Schauder vor dem Abgrund« ihn verhindern kann. Die Interferenz von beiden läßt den Schwindel abklingen und verwandelt das Schwanken in Indifferenz. Der Schwindel war nur eine folgenlose Demonstration der Freiheit. – Zur Kritik am Sartreschen Freiheitsbegriff (die fundierteste, die ich kenne): vgl. Herbert Marcuse, *Existentialismus; Bemerkungen zu Jean Paul Sartres ›L'être et le néant‹,* dtsch. in *Sinn und Form* 1950, S. 50–82.

8   Edgar Allan Poe,*Hinab in den Maelström* (1841),dtsch.Stg. 1949 in *Wirbel und Nacht.* – Eine frühe, vorbereitende Beschreibung des Sogs in unserer Gesellschaft sehe ich in Balthasar Graciáns *Criticón oder über die allgemeinen Laster des Menschen* (1651–57), dtsch. Hambg. 1957, S. 167 ff. Die dort beschriebene »Höhle des Nichts« ist nicht bloß eine Allegorie der irdischen Vergänglichkeit, sondern die gestaltlos machende große Verlockung.

9   Freud schreibt 1930 (*Das Unbehagen in der Kultur, Werke* XIV, London 1948, S. 50): »Die Schicksalsfrage der Menschenart scheint mir zu sein, ob und in welchem Maße es ihrer Kulturentwicklung gelingen wird, der Störung des Zusammenlebens durch den menschlichen Aggressions- und Selbstvernichtungstrieb Herr zu werden. In diesem Bezug verdient vielleicht gerade die gegenwärtige Zeit ein besonderes Interesse. Die Menschen haben es jetzt in der

Beherrschung der Naturkräfte so weit gebracht, daß sie es mit deren Hilfe leicht haben, einander bis auf den letzten Mann auszurotten. Sie wissen das, daher ein gut Stück ihrer gegenwärtigen Unruhe, ihres Unglücks, ihrer Angststimmung.« Zum Sogcharakter des »Triebs« vgl. die Beschreibung in diesem Kapitel S. 149 ff. Zum Zusammenhang von Neurose und Selbstzerstörung vgl. Tillich, *The courage to be,* Yale 1952, Chapt. 3; dazu *Systematic Theology* II, Chicago 1957, Chapt. XIV: die Beschreibung der »structure of destruction«.

10 Tillich, *Systematic Theology* I, Chicago 1951, Part II, Chapt. VIII. – Zu »Angst« und »Mut« als ontologischen Grundstrukturen und Symbolen: ders., *The courage to be.* – Der dort entwickelte Begriff des »Mutes ein Teil zu sein«, der Gegenpol des »Mutes ein Selbst zu sein«, ist die klassische Kritik an Heideggers Begriff des »Man«. Er bietet eine Möglichkeit, die gegenwärtigen Formen des Kollektivismus und Totalitarismus zu verstehen als Formen einer verzerrten Selbstaffirmation und nicht bloß der Selbstpreisgabe. Er steht im Hintergrund der hier versuchten Sog-Analyse (der »Mut ein Teil zu sein« in der Struktur des Gehabt-Werdens).

11 Vgl. z.B. die Scheler-Interpretation in der Berliner Dissertation von Ruth Schlesinger: *Probleme eines religiösen Apriori,* 1959, S. 51 ff.

12 T. S. Eliot, *The Waste Land,* V. 311/12 (in »The Fire Sermon«, Anspielung auf die Feuerpredigt des Buddha, hier mit Augustinus zusammengebracht); engl. u. dtsch. Wiesbaden 1957.

13 Wittgenstein, *Philosophische Untersuchungen,* dtsche. Ausg. in *Schriften,* Frf. a. M. 1960. – In diesem nachgelassenen Werk tritt an die Stelle eines Pluralismus der »Sachverhalte« (*Tractatus logico-philosophicus,* 1921) ein Pluralismus der »Sprachspiele«. Vielleicht ist ein Teil der Wirkung Wittgensteins in der angelsächsischen Welt dadurch erklärbar, daß die resignierende Wendung, Sprache realisiere sich nur in dem jeweils gespielten Sprachspiel, als ein Ausdruck pragmatischen Denkens mißverstanden wird.

14 Heidegger, *Was ist Metaphysik?* Frf. a. M. 1949 (Vor-

lesung von 1929, Nachwort von 1943, Einleitung von 1949). – Zur Beschreibung des »Entgleitens«: S. 29 ff. – »Anhalt im Seienden« und »Opfer«: S. 44 ff. (dort: »Wie anders aber fände je ein Menschentum in das ursprüngliche Danken, es sei denn so, daß die Gunst des Seins durch den offenen Bezug zu ihr selbst dem Menschen den Adel der Armut gewährt, in der die Freiheit des Opfers den Schatz ihres Wesens verbirgt? Das Opfer ist der Abschied vom Seienden auf dem Gang zur Wahrung der Gunst des Seins. Das Opfer kann durch das Werken und Leisten im Seienden zwar vorbereitet und bedient, aber durch solches nie erfüllt werden«; und: »Die Sucht nach Zwecken verwirrt die Klarheit der angstbereiten Scheu des Opfermutes, der sich die Nachbarschaft zum Unzerstörbaren zugemutet hat«; und: »Das Denken des Seins sucht im Seienden keinen Anhalt«). – Mysterienname: die »Entschleierung« S. 41; dazu S. 46, S. 21.

15   Hegel, *Wissenschaft der Logik* I, I 1, Anm. 2 (Phil. Bibl. 1948, S. 75 ff.); hier (S. 78 f.): »Aber man stellt sich wohl das Sein vor – etwa unter dem Bilde des reinen Lichts, als die Klarheit ungetrübten Sehens, das Nichts aber als die reine Nacht, und knüpft ihren Unterschied an diese wohlbekannte sinnliche Verschiedenheit. In der Tat aber, wenn man auch dies Sehen sich genauer vorstellt, so kann man leicht gewahr werden, daß man in der absoluten Klarheit so viel und so wenig sieht als in der absoluten Finsternis, daß das eine Sehen so gut als das andere, reines Sehen, Sehen von Nichts ist. Reines Licht und reine Finsternis sind zwei Leeren, welche dasselbe sind. Erst in dem bestimmten Lichte – und das Licht wird durch die Finsternis bestimmt, – also im getrübten Lichte, ebenso erst in der bestimmten Finsternis, – und die Finsternis wird durch das Licht bestimmt, – in der erhellten Finsternis kann etwas unterschieden werden, weil erst das getrübte Licht und die erhellte Finsternis den Unterschied an ihnen selbst haben und damit bestimmtes Sein, *Dasein* sind.«

16   Heidegger, l. c.; zur Warum-Frage: S. 37 f., S. 41 ff. S. 46, S. 21. – Das Sein »in seinem Wesen (Verbalsubstantiv) endlich«: S. 36 (in Abwendung von Hegel); »Göt-

zen«: S. 38. – Zum Gebrauch des Wortes »göttlich«: die christliche Theologie wird zwar in eine begriffslose Orthodoxie zurückgetrieben (S. 18) und ihr Gott als ein höchstes »Seiendes« in die bekannten Verlegenheiten gebracht (S. 35/36: weder ein Fragen nach dem Sein noch eines nach dem Nichts, das »Absolute« kann das »Nichts« nicht kennen, etc.), aber es bedarf gar nicht der Mysterienworte von Einleitung und Nachwort sowie der dort geschilderten Gnadenerlebnisse, es genügt (S. 38) das eine Gegenwort »Götze«. Zum ärgerlichen und enttäuschenden Schwanken Heideggers: vgl. die Bibliographie von Guido Schneeberger, *Nachlese zu Heidegger*, Bern 1962. Beschreibung der Angst: S. 29 f.; das »abweisende« Nichts: S. 31; dort auch die »gebannte Ruhe« und die »helle Nacht«.

17 Tolstoj, *Krieg und Frieden*, 3. Teil, Kap. 16 Ende.

18 Heidegger, Vorwort zur 3. Aufl. von *Vom Wesen des Grundes*, Frf. a. M. 1949. – Wollen und Nichtwollen etc.: *Gelassenheit*, Pfullingen 1959, S. 31 ff.; zit. S. 35. – Vgl. in diesem Zusammenhang die Erzählung von Thomas Mann *Mario und der Zauberer* (Bln. 1930; in *Ausgewählte Erzählungen*, Frf. a. M. 1948, S. 192/93). Dort unterliegt ein »Herr aus Rom«, der »die Ehre des Menschengeschlechtes heraushauen wollte«, der »Negativität seiner Kampfposition«: »Wahrscheinlich kann man vom Nichtwollen seelisch nicht leben; eine Sache nicht tun wollen, das ist auf die Dauer kein Lebensinhalt; etwas nicht wollen und überhaupt nicht mehr wollen, also das Geforderte dennoch tun, das liegt vielleicht zu benachbart, als daß nicht die Freiheitsidee dazwischen ins Gedränge geraten müßte.«

19 Zum Wiedergeburtsmysterium als dem Hintergrund der griechischen Tragödie: vgl. jetzt Kerényi, *Griechische Miniaturen*, Zürich 1957, dort die Dionysosstudien. – Ein Hinweis auf Aristoteles' Poetik: die »kathartische« Funktion der Tragödie zeigt, daß diese nicht Endzweck oder Selbstzweck ist, sondern Vorbereitung für das Mysterium. – Es ist gefährlich, in einer Situation, der kein Wiedergeburtsmysterium die Waage hält, die Angst des »modernen Menschen« als eine Initiationsangst zu deuten. Das tut z. B. Mircea Eliade in seinem neuen Buch *Mythen*,

Träume und Mysterien, dtsch. Salzburg 1961, in dem er das Studium fremder Natur- und Mysterienreligionen als das geeignete Mittel empfiehlt, den »Einweihungssinn und geistigen Sinn der Angst kennenzulernen«. Für die beängstigende Naivität, mit der hier von Tod auf Neugeburt geschlossen wird (z.B. S. 84 ff.), ein Beispiel: nach einer Erwähnung der modernen Angst »des Weltendes, genauer des Endes unserer Welt, unserer Zivilisation« (Eliade sperrt »unser«) heißt es: »Uns genügt, daran zu erinnern, daß es sich keineswegs um eine moderne Entdeckung handelt. Der Mythos vom Weltende ist allgemein verbreitet... Es ist dies der Mythos der periodischen Zerstörung und Neuschöpfung der Welten, die kosmologische Formel des Mythos der ewigen Wiederkehr. Aber man muß sofort hinzufügen, daß in keiner der außereuropäischen Kulturen der Schrecken vor dem Weltende jemals zu einer Lähmung des Lebens oder der Kultur geführt hat. Gewiß ist die Erwartung der kosmischen Katastrophe beängstigend, aber es handelt sich doch um eine religiös und kulturell eingeordnete Angst.« Im »Gespräch mit Vertretern der wahren (Eliade sperrt »wahren«) asiatischen, afrikanischen oder ozeanischen Welt« liege darum die Chance zur Wiederentdeckung »ökumenischer Positionen«.

20 Heidegger, *Was ist Metaphysik?,* S. 46.

21 Freud, *Ges. Werke.* – Zur Erörterung von »Todestrieb« und »Lebenstrieb«, »Thanatos« und »Eros«, »Destrudo« und »Libido«: *Jenseits des Lustprinzips, Das Ich und das Es,* Bd. XIII (1920–24), London 1940; *Das Unbehagen in der Kultur,* Bd. XIV (1925–1931), London 1948. – Die versuchsweise Erörterung einer teleologischen Gemeinsamkeit der beiden Triebe: *Jenseits* V–VII. – Die prägnanteste Schilderung seiner Trieblehre: *Unbehagen* VI; dort am Ende der Kampf der beiden Grundtriebe als ein Geschehen, in dem die Gefahr der »Selbstvernichtung« die menschliche Zivilisation bedroht (zit. o. Anm. 9). – Hieran anknüpfend hat Herbert Marcuse (*Eros and Civilization,* Boston 1955) unter Freuds eigenen Voraussetzungen die Möglichkeit einer dennoch haltbaren Balancierung der beiden Triebe erörtert: eine von unnötigem Zwang befreite

Zivilisation, die wohl das »Lustprinzip« durch das »Realitätsprinzip« beschränken muß, aber es nicht länger dem »Leistungsprinzip« zu unterwerfen braucht. Marcuses Buch, das Freud in die Tradition des europäischen Denkens stellt, ist eine der wenigen Auseinandersetzungen, in denen nicht der Schnitt gemacht wird zwischen dem Analytiker der individuellen Seele und dem Analytiker der Gesellschaft.

22 Thomas Mann im *Tod in Venedig,* l.c. S. 128/29. Am Ende der Erzählung steht der Knabe vor ihm als der Totengeleiter Hermes, der »bleiche und liebliche Psychagog«.

23 Freuds Begriffe können und sollen hier nicht erörtert werden (Regression, Wiederholung, Zwang etc.). Uns interessiert hier nur Freuds Position in dem von uns beschriebenen Enttäuschungsprozeß. Mit Recht sieht Marcuse in den Bildern, mit denen Freud das Wirken des Todestriebes beschreibt, die »unbewußte Flucht vor Schmerz und Mangel«, einen »Ausdruck des ewigen Kampfes gegen Leiden und Unterdrückung« (l.c. S. 36; dazu vgl. die Begriffe Freuds im Text: »Ruhe« des Anorganischen, »Entspannung«). Wenn die für Freud (wie für Fechner, Schopenhauer, Wagner) selbstverständliche Konnotation von Lust und Tod und Entspannung in den hier beschriebenen Prozeß hineingehört (den einer Enttäuschung am Verkörperungsdenken, die sich flüchtet in die Gnade der Entkörperung), dann ist Freuds therapeutisches Lebenswerk ein einziger Kampf gegen die erkannte Enttäuschung.

24 Enzensberger, *landessprache,* Frf. a. M. 1960, S. 46.

Der Text dieses Buches ist ein Nachdruck der ersten Ausgabe von 1964, damit zugleich der Habilitationsschrift des Verfassers, die dieser 1962 der Philosophischen Fakultät der Freien Universität Berlin vorgelegt hat. Nicht bloß szientifische Emotionen haben die Fakultät damals in widerstreitende Parteien zerspalten und das Verfahren blockiert. Erst Interventionen von außerhalb verdankt der Verfasser den Abschluß des Verfahrens. Daß dies heute kaum mehr einsichtig zu machen ist, zeigt, wieviel seit damals sich verändert hat.

Die Frage nach dem gestörten Selbstverständnis der Wissenschaft, hier mit Pathos gestellt, hatte auch der erhoffte Einschnitt des Jahres 1945 nicht öffentlich zu machen vermocht. Indes gerade diese Frage war das einzig Verbindende des deutschen Wissenschaftsbetriebes nach dem Krieg – das schlechte Wissenschaftsgewissen aller machte sie spürbar. In der zweiten Hälfte der 6oer Jahre wurde sie nachhaltiger gestellt, als dies wissenschaftlichen Exkursen möglich war; durch das Aufbegehren einer Studentengeneration, die sich gegen den autoritär entleerten Charakter ihrer Väter wandte, deutlicher gesagt: das leibhaftige Nachleben des NS in diesem Charakter, die Angst der Ansteckung durch ihn. Aber Aufbegehren, dies sollte kein für Universitäten Verantwortlicher übersehen, war noch eine Liebeserklärung an die Institution Universität – die Behördenuniversität heute läßt erotische Aggressionen nicht mehr zu. Das teilt sie mit der dem Aufbegehren folgenden dogmatischen Selbstbeschränkung, Produkt der Resignation, aber auch der Faszination durch die kraft unser überlebende, planmäßig weiter sich zerstörende Gesellschaft. Und der erneute, auf Gegenöffentlichkeit pochende Widerstand, Lobpreis einer sprach- und theorielosen Spontaneität, zugleich mit Schielen nach den Stärkungsmitteln vorrationaler Gesellschaftsformen und ihrer kultischen Verankerung in zeitloser Natur, hat neue Liebesobjekte, mit denen sich zu streiten lohnt, bisher nicht hervorgebracht.

Ob, nach dem Scheitern der Universitätsutopie, Reste einer Wissenschaftsutopie bewahrt werden können, ist eine andere Frage. Sie richtet sich an alle Disziplinen und, durch sie hindurch, eine vor ihrer eigenen Geschichte nicht kapitulierende, sich nicht selbst verratende Philosophie. Wenn dieses Buch die Frage stellen hilft, hat es seine Berechtigung auch nach 20 Jahren nicht verloren. Der Nachdruck des Textes in unveränderter Form gilt nicht nur dem Dokument der frühen 6oer Jahre, sondern möchte eine Probe aufs Exempel sein.

Berlin im Februar 1982, K.H.

1981 erschien der erste Band von Klaus Heinrichs *Dahlemer Vorlesungen*. Nach Tonbandaufnahmen und Mitschriften rekonstruiert, wurden nun die Vorlesungen von Klaus Heinrich erstmals einer breiteren Öffentlichkeit zugänglich. Mit der Herausgabe der Vorlesungen wollten Klaus Heinrichs Schüler die Diskussion, die in ihnen geführt wird, nicht archivierend festschreiben. Das hieße, sie zu vergessen. Es war auch der in den Vorlesungen selbst erhobene Anspruch einer öffentlichen Selbstverständigung, der die Herausgeber – gegen das anfängliche Zögern des Autors – zu dieser Edition motivierte.

Die Bände erscheinen im festen Pappband mit Umschlag, fadengeheftet. Feste Vorbestellungen auf die Bände der Dahlemer Vorlesungen erleichtern dem Verlag Kalkulation und Planung. Subskribenten erhalten einen Subskriptionsrabatt von min. 15 %.

Auf den folgenden Seiten befindet sich eine Lister der lieferbaren Werke von Klaus Heinrich. Die vorliegende Sonderausgabe von *Versuch über die Schwierigkeit nein zu sagen* erscheint zum 75. Geburtstag von Klaus Heinrich im September 2002. Im Oktober 2002 verleiht die Deutsche Akademie für Sprache und Dichtung, Darmstadt, Klaus Heinrich den Sigmund Freud-Preis für wissenschaftliche Prosa.

Lieferbare Werke von Klaus Heinrich

tertium datur.
Eine religionsphilosophische Einführung in die Logik
Dahlemer Vorlesungen 1, ISBN 3-87877-139-8

... Logik, traditionell eine der sprödesten Disziplinen der
Philosophie, muß nicht notwendigerweise eine geschichts- und
lebensferne Sache, ein Exerzierfeld für Pedanten, die Ausgeburt
eines fruchtlosen Scharfsinns sein. Sie kann auch psychologisch
und gesellschaftlich wichtig werden. Klaus Heinrich, einst
studentischer Mitbegründer der Freien Universität Berlin, heute dort Professor für Religionswissenschaften, demonstriert das
eindrucksvoll in seiner religionsphilosophischen Einführung.
    Diese Einführung ist der erste Band von Heinrichs ›Dahle-
mer Vorlesungen‹. Hörer und Schüler haben das, was er – erstaunlich genug! – in freier Rede vorgetragen hat, anhand ihrer
Mitschnitte und Mitschriften rekonstruiert. Akademischer Lo-
kalpatriotismus? Professorale Selbstbespiegelung hinter studentischer Anhänglichkeit versteckt? Oder gar ›Nachlaß zu
Lebenszeiten‹ eines Autors, der es nicht zum ›fertigen‹ Buch
gebracht hat?
    Der Verdacht wäre berechtigt, wenn hier nicht relevantes
Denken in einer Form vorgetragen würde, die die Vorzüge des
Genres – Offenheit, Situationsgebundenheit – nutzt. Es ist nur
konsequent, daß der Verlag, der mit seiner Frankfurter Hölder-
lin-Ausgabe den Prozeßcharakter der literarischen ›Produktion‹ betont hat, jetzt etwas Ähnliches auf dem Gebiet der Philosophie unternimmt.
    Ludger Lütkehaus, Frankfurter Allgemeine Zeitung

anthropomorphe.
Zum Problem des Anthropomorphismus
in der Religionsphilosophie
Dahlemer Vorlesungen 2, ISBN 3-87877-197-5

… Anthropomorphe, das meint die Gestalt, die Form des Menschen. Von einem Anthropomorphismus spricht man dann, wenn einem Ding oder Wesen, das nicht menschlich ist, die Form oder Gestalt eines Menschen verliehen wird. Die griechischen Götter, so wie sie bei Homer und Hesiod geschildert sind, waren anthropomorphistisch, das heißt, sie waren in Menschenform dargestellt. Daran ist vorerst nichts Besonderes, werden doch in den meisten Religionen der Gott oder die Götter in Menschenform dargestellt, – auch in der christlichen. Anthropomorphismus betrifft aber auch die Eigenschaften, die man den Göttern zuschreibt, und da waren die griechischen Götter sehr menschlich: sie raubten, betrogen, logen, brachen die Ehe; kurzum, ihnen war kein menschliches Laster fremd, und Zeus war immer auf der Suche nach neuen Liebesabenteuern. Die Götter sind so eine Projektion des Menschen von sich selbst: er legt in sie hinein, was er ist oder gerne sein möchte. In der griechischen Kultur gab es da nun einen Bruch, den Heinrich bei Xenophanes entdeckt; dieser griechische Philosoph kritisierte den Umstand, daß die Götter bloße Projektionen des Menschen sind, – daß sie also so aussehen und sich so verhalten wie beliebige Menschen auch. Xenophanes argumentiert weiterhin, daß in diesem Modus auch ein Gott der Rindviecher wie ein Rindvieh aussehen und sich dementsprechend verhalten würde. Als Konsequenz wird ein neues, nicht anthropomorphistisches Götterbild gefordert, ein: »Bild des Einen Gottes, einer allein, der zu gleicher Zeit ganz und gar Auge, ganz und gar Gehör, ganz und gar Geist ist und der, selber nicht erschüttert, doch alles mit der Kraft seines Denkens bewegt.«

Robert Schurz, NDR

arbeiten mit ödipus.
Begriff der Verdrängung in der Religionswissenschaft
Dahlemer Vorlesungen 3, ISBN 3-87877-392-7

Der Weg des Geistes ist der Umweg. Heinrichs Vorlesung läßt sich nicht auf ein Resultat reduzieren. Unverhoffte Seitenblicke, geistreiche Abschweifungen, atemberaubende Exkurse verschieben die Aufmerksamkeit vom Gang des fortschreitenden Gedankens auf zahllose Nebenschauplätze, die sich im Text in Hunderten von Parenthesen niederschlagen. Sogar auf die versteckte Piazza Mattei im römischen Ghetto finden wir uns einmal versetzt: Der dort stehende Schildkröten-Brunnen dient als Illustration des Renaissance-Topos ›Eile mit Weile‹, der Verknüpfung von Ruhe und Bewegung, Bedachtsamkeit und Schnelligkeit. Es ist das Prinzip, das auch den Denk- und Sprechrhythmus dieser Vorlesung bestimmt.
Albert von Schirnding, Süddeutsche Zeitung

vom bündnis denken. Religionsphilosophie
Dahlemer Vorlesungen 4, ISBN 3-87877-798-1

... Was ist Aktualität in einem Text der Antike? Was geht mich der Text an, nach so vielen Jahrhunderten? Warum konnte Francis Bacon angstfrei experimentieren? Wie können wir mit der Natur eine Einheit erreichen? Fragen von Klaus Heinrich. Mit einem Denken, das die Ursprünge sklavisch respektiert, kann er nichts anfangen ... *Jürgen Werth, Sender Freies Berlin*

Psychoanalyse Sigmund Freuds und das Problem des konkreten gesellschaftlichen Allgemeinen
Dahlemer Vorlesungen 7, ISBN 3-87877-768-X

Das Floß der Medusa.
Drei Studien zur Faszinationsgeschichte
ISBN   3-87877-292-0

Heinrichs Studien mit ihrer raffinierten Verbindung von Ethik
und Ästhetik könnten, sollte man denken, einen wissenschaftlichen Methodenstreit auslösen, der diesen Namen verdiente…
Der Autor ist kein Kunsthistoriker, er ist Religionsphilosoph
und als solcher Theoretiker des kollektiven Unbewußten. Am
Motiv der Wiederkehr hängt der Begriff Faszinationsgeschichte. Es fasziniert immer das Unerledigte, das wiederkehrt. Heinrichs Analysen ›erspähen‹ das Ältere, das noch verwandlungs-
fähig ist und deshalb als so etwas wie ein nichtausgeschöpftes
Geheimnispotential der eigenen Zivilisation erfahren werden
kann. Seine drei gattungsgeschichtlichen Fallstudien sind, philosophisch ausgedrückt, existentialistische Interpretationen.
Sie stehen unter dem Stern des frühen Existentialisten Ovid, der
die Verwandlungsmacht der Existenz im Stoff der Leidenschaften in seinen ›Metamorphosen‹ das erstemal systematisch vorgeführt hat. Zurecht ist das Buch deshalb dem Andenken Ovids
gewidmet …
   Was Methode und geschichtsphilosophisches Denken
Heinrichs betrifft, so ist der Gedanke an Benjamin nicht von
der Hand zu weisen.   *Caroline Neubaur, SFB*

Parmenides und Jona.
Vier Studien über das Verhältnis von
Philosophie und Mythologie
ISBN   3-87877-170-3

Vernunft und Mythos. Ausgewählte Texte
ISBN   3-87877-806-6

anfangen mit freud.
Reden und kleine Schriften 1
ISBN   3-87877-611-X

»Anfangen mit Freud« versammelt drei, vor Psychoanalytikern
und Psychiatern gehaltene Vorträge. Der erste und titelgeben-
de handelt von der »›wiederentdeckten‹ Psychoanalyse nach
dem Krieg« derart, daß nicht nur deren schließliches
Wiederverschwinden aus der deutschen Nachkriegswissen-
schaft rekonstruiert, sondern Freud selbst »als Existentialist und
Lehrmeister der ›inneren Zersetzung‹« vorgeführt wird.

Martin Treml, Der Tagesspiegel

Der gesellschaft ein bewußtsein ihrer selbst zu geben
Reden und kleine Schriften 2
ISBN   3-87877-612-8

(weitere Werke in Vorbereitung)